沈西城 著

香港夜生活紀聞

（第一集）

銀匯出版

開場白（插圖增訂版代序）

沈西城

清人余澹心寫有《板橋雜記》，專事描繪秦淮風月，鶯歌燕舞，旖旎纏綿，一百年來，人人爭相傳誦，乃成晚清民初一代盛事。

到了上世紀五十年代，有羅澧銘者，化名「塘西舊侶」，把石塘咀一帶風月，筆之成書曰《塘西花月痕》。此書甫出，哄動全城，洛陽紙貴，達官貴人、皮裘公子、販夫走卒，皆視為風月寶鑑，而塘西舊侶其人亦儼然成為歡場專家矣。

迨八十年代初，香港名女作家李碧華，寫了一本叫《胭脂扣》的小説，據説靈感即源自《塘西花月痕》。《胭脂扣》後來拍成電影，由張國榮與梅艷芳主演，賣座空前，還奪了不少電影獎，可見人們對過往的風月大有眷戀之情。

《塘西花月痕》1962 年 9 月 16 日初版。（資料圖片）

我的朋友鍾先生，跟我相識逾四十年，常勸我把過去在歡場上的所見所聞，逐一寫出，一可娛讀者，二則可為自己留些痕跡，説得大道一點，則足可替香港風俗史補綴一鱗半爪。茲事體大，豈敢妄從？

於是一再拖延，終未成事。

近日年事漸大，記憶衰退，碰巧鍾兄舊事重提，不忍過逆其意，遂下決心，把過往歡場上的見聞逐一寫出，以作讀者談佐之資。

不過要聲明一點的是，這並非回憶錄，只是回想錄。

「回憶錄」的寫則是有次序的，是有時間限制的，且講求「起承轉合」，這對我來説，是一樁吃力的艱鉅工程，做不來，何況即使勉強做去，也會吃力不討好。

「回想錄」就不同了，可以一節節的記述，雖有時間規範，卻不須講求「起承轉合」，一天一記事，或是三數天記一事，隨想隨寫，筆者輕鬆無壓力，讀者諸君讀來也愜意。

「回想錄」的寫法並非浪子獨創，而係偷師自知堂老人，他的傳世傑作《知堂回想錄》，正是沿用此法，我只是東施效顰，借來一用而已。

庚子年冬　西城舊序重訂於隨緣軒

目次

二、歡場今昔

題記：何處約歡期，芳草外，高樓北。——（宋・方千里）

三、明星浮沉

題記：逝水韶華去莫留，漫傷林下失風流。——（清・趙艷雪）

一、浪子年少

題記：舊遊無處不堪尋。無尋處，惟有少年心。

——（宋・章良能）

1 那些年的平安夜

我十歲那年，媽媽帶我去夜總會開眼界，那家夜總會叫「都城」，是世伯黃瑞麟跟他好友謝肇鴻一起開辦的。

黃瑞麟和謝肇鴻都是我父親的舊夥計，出身上海「南國」酒家，到香港後，便進北角「雲華」酒店中菜部出任經理和副經理。

「雲華」酒店是父親跟其他兩位好友嚴雲龍、黃展雲合資經營的，地下西餐部，二樓酒樓，其上便是客房，在那年代，是北角最高檔的去處。

有個北方老闆，看中北角地旺，租了「雲華」酒店左側一角，開設了「燕雲樓」，專售京川菜，消夜時段有音樂，稱「音樂消夜」，主唱女歌星便是以一曲《今宵多珍重》聞名歌壇的「金魚美人」崔萍。

「燕雲樓」隔壁是「雲華」西餐部，晚上開夜總會，主唱女歌星，也是赫赫有名，便是今日已貴為女畫家、人稱「小雲雀」的顧媚，她的《不了情》，成為千古絕唱，論時代曲，怕也只得它可跟《情人的眼淚》並肩。

黃瑞麟是一個滑頭，他看準北角上海人多，繁榮會更上層樓，便找其他老闆投資，在北角電車總站對開的大廈，開辦了「都城」酒樓夜總會。那裏是巨富王寬誠的物業，黃瑞麟得到他的支持，如虎添翼，很快，「都城」躍升為北角龍頭一哥，把「雲華」和「燕雲樓」緊緊地壓在腳底下。

如果換了別一個老闆，一定會痛恨黃瑞麟，罵他忘恩負義，可父親是一個十分豁達的人，不獨不以為忤，還頻頻帶同一班上海朋友捧場。

過了許多年我才知道，父親的興趣只在工程上，對油炒飯如酒樓、夜總會等行業，根本是持消極態度，注資「雲華」，是抝不過兩個好拍檔，虛與委蛇而已。

就在這種情況下，我第一趟接觸了燈紅酒綠的生活，有趣，浪漫，讓我永遠都忘不了。

一九五八年，我十歲，十二月二十四日平安夜，父親在「都城」宴請洋人朋友，因為兩個姊姊回了去西環老家，傭人也因事返順德家鄉，老外婆一早約好老姊妹淘搓麻將，剩下我一個人，媽媽不放心，便帶我一起去。

這是我第一次踏足銷金窩，雖然「都城」沒有舞小姐，可不少人都帶了「杜老誌」、「金鳳池」、「迷樓」的小姐來湊興，音樂一起，舞池擠滿男女，肩摩轂擊，擁擠非常。

別看黃瑞麟胖胖的，跳起喳喳，玲瓏活現，他管我媽媽叫「老闆娘」，也最喜歡跟我媽媽跳喳喳。媽媽在上海時代便愛跳舞，跳起喳喳來，輕盈如小鳥，跟黃瑞麟很配搭。我什麼都不懂，大人們離枱跳舞，我一個人坐在枱子上喝汽水。

忽然有一把女人聲音在我耳邊響起來：「小弟弟！啥人帶儂來㗎？」轉臉看，是一個很美麗的阿姨，正笑盈盈地望着我。

「我跟我姆媽葉太來！」我回答。「呀！原來是老闆娘！」她跟黃瑞麟一樣叫我媽媽作「老闆娘」。她原來是「都城」的駐唱歌星丹琪，是媽媽的好姊妹。她不沾酒，陪我喝汽水，跟我講夜總會的事。聊了一陣，她問我愛聽歌嗎？我點點頭。她又問什麼歌？我就點了吳鶯音的《斷腸紅》。

丹琪阿姨一聽，愣了一下：「小囡聽價樣悲歌！好！阿姨唱給儂聽！」

那夜到十二點，聖誕至，人人湧到舞池搶氣球，我跟丹琪阿姨一起去搶，搶到一個，送給了丹琪阿姨。

她捧着氣球，輕輕說：「謝謝儂！」甜美的嗓音，和善的臉龐，至今未忘。

維港平安夜鳥瞰。（資料圖片）

2 春秧街春色

六十年代初，家住北角英皇道，旁邊是電車總站，每早五點半，就聽到叮叮叮的電車聲響，像固定的鬧鐘，催我起床。

電車總站對面是「明園」，那是富豪們的俱樂部，其中一層是會所，上海幫的紗廠大老闆，多聚在那裏，玩「沙蟹」。雖說玩，注碼極大，動輒數十萬，那時候，是天文數字。

好像我曾在專欄提過，親眼看到有一個上海老闆，一夜輸光全副身家。他拿起白色的濕毛巾抹臉、雙手顫抖不已的情景，迄今仍在我眼前。自此，我知道賭之遺害，一生人，到今為止，從不大賭。

「明園」隔一條小路，是「都城」酒樓夜總會，著名的女歌星方靜音和方逸華都在那裏獻過歌。

方靜音最著名的歌人人都説是中詞西曲的《香蕉船》，我總以為她的《賣湯丸》唱得最好。

咱們的邵夫人、六嬸方逸華，專唱英文歌，聲沉帶磁性，是那年代唱英文歌最好的女

北角春秧街一瞥。（資料圖片）

歌星。

我的阿姨丹琪也在「都城」登台，論色遠勝二方，歌則有不如，那年代重質，色屬其次，始終未能大紅。

「明園」、「都城」都是家父帶我去的，他說男孩子從小要習慣一下大場面，這對將來到社會上做事有好處。父親說得真對，童年的閱歷，對我投身社會後應付人事，真的起了很大的幫助。

我家背後是春秧街，那是一條「街市」街，各式乾濕店舖、攤檔林立，外婆常帶我去那裏買菜。

上海老婆婆，一口寧波音上海話，卻偏喜講價，小販們聽不懂，只好任由她佔便宜，因此都怕了這個上海老婆婆。

我對春秧街的感情很深，小學校舍就在春

秧街上。到了少年，開始學壞，有些經歷也是發生在春秧街。

我十四歲時，春秧街開始變色了，在一幢新建的十四層大廈裏，居然出現一個小電影架步。

那年代，要看小電影，第一選擇必是九龍城寨的「華星」。一元試片，街知巷聞，為了吸引顧客，後來還加插「真人艷舞」，雖然都是那些道友婆和學歪了的工廠妹，身材舞姿都不出色，可總是女人呀！在性還未太解放的六十年代，女人脱，已是大大的「賣點」了。

於是好色的男人一窩蜂湧去「華星」，「華星」的主持人大大的發了財。瘦田無人耕，耕開有人爭，春秧街也開出一檔小電影架步，一元試片，另奉贈一齣。

小電影都是三十二厘米，製作粗糙，只是男女劍及履及的肉搏場面，已足夠讓我這個血氣方剛的小子樂此不疲。我把每天一元的零用省下，報效架步。

架步樓下，是一個小型妓寨，每當客人興沖沖的看畢小電影走下樓，妓女們就走到門口，迎住客人：「先生！入嚟玩吓，五蚊咋！」

我也是被招攬的對象，可惜我沒有五元，只好望洋興嘆，閉眼回味剛才小電影男女搏鬥的招式，聊以止渴。

3 那年代真好！

年少輕狂，回憶起來，總有百般滋味在心頭。

六十年代，我們穿闊腳褲，褲腳闊得有如一個水桶，走起路來飄呀飄，好不瀟灑！

中學時，我唸的是天主教教會學校，校規嚴，老師兇，可我們想盡法子追求潮流。

學校下午三點五十分放學，我們提了書包，奔下香島道，鑽進公廁，從書包裏取出闊腳褲穿上，再配上一件花襯衫，加上墨鏡，端莊的學生就變成小阿飛了。

我們一行七八人，最喜歡到筲箕灣巴士總站側邊的涼茶鋪泡。

鋪內有一架點唱機，投入硬幣，就可選播音樂。

我們最喜歡貓王皮禮士利，他的歌，我們必點，而點得最多的，便是《鐵血柔情》。

這首歌，當年嘛，是派對裏的「HIT SONG」，一跳慢四步，多以此作為陪襯音樂。

也因為這首歌，我認識了艾蓮，她是「真光」中學的學生，身形高瘦，有一股難以形容的秀氣。

她家在筲箕灣南安街，那是一幢四層高的舊樓，艾蓮住三樓，有一個大露台，可以俯瞰樓下的街景，每當黃昏，總有不少小販推着車子來賣水果。

筲箕灣官立中學。（資料圖片）

「石榴香！蘋果甜！梨子爽！」小販像唱山歌似地誇讚着各式水果。

艾蓮喜歡吃蘋果，一看到紅紅欲滴的蘋果在樓下經過，都會忍不住要我下樓去買。

於是，我扮演觀音兵的角色，飛奔下樓，投下兩枚五角硬幣，取過四個不大不小的紅蘋果，跟艾蓮伏在露台的欄杆上，甜甜地啃。

艾蓮吃蘋果時的姿態真美，邊啃邊笑，許多時，比蘋果還甜。

涼茶舖裏，除了點歌，還有電視看，雖然是黑白的「麗的呼聲」，在我們來說，已是天大的享受了。

為爭看電視，我們一班同學還跟鄰校筲箕灣官立中學的學生發生過一趟大打鬥。

從涼茶舖一路打到馬路上，附近巴士的職

工見攔阻不住，撥了「九九九」。

那趟打鬥，我傷了頭，流了血，怕母親罵，只好用頭髮來掩蓋。回到家，痛得要死，老外婆扶着我去看了家庭醫生區鴻藻。

艾蓮也喜歡運動，尤愛游水，我跟她就從筲箕灣乘九號巴士到石澳，陽光沙灘，快快活活的玩個半天。

黃昏時，打道回家，我們會在筲箕灣的「慶德隆」餐廳吃西餐，一客常餐，有四道菜：湯，魚，牛扒，雪糕或啫喱，結帳不過十元。

艾蓮很節儉，她說咱們是學生，沒什麼錢，因此看電影，多在「永華」戲院看公餘場。星期天，沒公餘場，就看早場。吃飯，許多時會挑木廠街的大牌檔，朝長櫈一坐喊：「伙計！五毫子餸，兩毫子飯！快馬！。」

伙計應了聲「好」，右手持勺，舀起花生、雞腸、肉片，往堆得高高的白飯上壓。

飯香餸美，我有艾蓮在身邊，吃得更香。

那年代，我們是純真的，來往一年，我只拖過她的手，吻她一下右頰。那年代，真好！

4 兒時的零食

初中時，我跟同學去派對。

在派對裏，聽着康妮．法蘭西絲的《男孩子在哪裏？》，擁着青春的女學生跳舞，歪念頻起，常想着：如果有一天，懷中的女學生，變成赤裸羔羊，那會多美！

歪念是歪念，從不付諸行動，那年代，男孩子還是純潔的。

派對裏結識的女朋友，大多跟我同齡，沒有派對的週末，我們會相約看電影，挑的多數是荷里活電影，內容自然是男女情愛故事，杜唐納許、蘇珊娜玉的《玉女痴郎》，華倫比提、妮妲莉活的《青春夢裏人》牢牢地俘虜了咱們的心。

去的電影院，最多是「利舞台」。

為什麼要挑「利舞台」？這內裏有因由。

「利舞台」是香港有名的戲院，效舊日上海戲院的格式，既可放電影，又可供演粵劇，為迎合觀眾所需，座位分設堂座、特等和樓座。不獨座位行距寬闊，椅墊也軟柔舒適，頭靠軟背，目觀電影，手握素手，實在是人生最大的享受。

那時一張電影票價，堂座在一元二角左右，兩張票，二元四角，另加「爆穀」、「可樂」，五塊錢足夠開銷。

看完電影出來，走到蘭芳道的「華麗園」吃雲吞麵，一元一碗，另加紅豆冰兩杯，也不過是四塊錢，連交通費在內，統計只需十元，「拍拖」的花費還是便宜的。

利舞臺舊貌。（資料圖片）

女孩子大多喜歡吃雪糕，蓮花杯、甜筒是她們的心頭好，那年代，最受歡迎的是「安樂園」蓮花杯，有朱古力、云呢拿、芒果……等等，我嗜朱古力，女孩子怕出青春荳，多取云呢拿。

零食是女孩子的至愛，花生、甜糖、香口膠，不必說，而鹹濕小吃，尤為她們所喜。維多利亞公園對面，現今灣景樓的所在，六十年代是一列唐樓，唐樓入口處，多闢有小店舖，擺滿各式食品，其中有一檔曰「陳容記」者，一味咖喱魷魚，遠近馳名。

「陳容記」的咖喱魷魚放在一個錦煲裏，擺在店前的一張木圓几上，客人買時，揭蓋取出，用剪刀「霎霎」地剪成碎塊，置在油紙上，再套進鷄皮紙袋裏，一元兩塊，足供裹腹。這裏的咖喱魷魚，香辣軟稔，不費口勁咀嚼，更不礙消化。老闆阿陳一日烹五十隻魷魚，不到半日便賣光。

據説「陳容記」的咖喱，來自家傳，別處無法學得。阿陳賣咖喱魷魚賣到發達，七十年代中期後，已不操此業，於是天下無雙的「陳容記」咖喱魷魚從此永失踪影，只留在我的回憶裏。

除了「陳容記」，「陳意齋」的「蝦子紥蹄」也是一絕，不獨女孩子愛吃，我這個天生饞嘴貓也是吃不停口。

跟女朋友打維多利亞公園東行，一路走到春秧街，這裏有上海南貨店「同順興」、「同福」，賣的是地道江南食品，零食亦多，奶油五香豆、咖喱牛肉片、城隍廟醬油瓜子……，十根指頭數不完，也吃不完。

這種地道的江南零食，今多煙消雲散，如今的日本零食雖好，卻勾不起我的興趣。我只願活在昔日的記憶裏！

5 我的色情夢

途經北角春秧街，雖然多了幾幢新大廈，舊樓仍在，往日的風貌猶歷歷在目，只是唸書的那家小學消失了，那條狹窄的橫巷也不見了。

我特別懷念那條小橫巷，不長不短，光線陰翳，隱隱散發着一陣溝渠水的臭味，腸胃不好的人，嗅了，容易作嘔。

可在我眼裏，這是一條「美麗可愛」的橫巷，因為在那裏，我找到了不少精神糧食。

那是六十多年前的一個冬天了，下午四點放學，我如常揹着書包，準備繞路北角道回家，才走了幾步，忽然聽到有一把沙啞的聲音在背後叫着我：「細路！細路！」

回轉頭看，一個白髮蒼蒼的老頭子倚住巷口的牆壁對我揮手。

我止了步，還未說話，老頭子已走過來說：「細路！睇唔睇公仔書呀？」

公仔書！我當然喜歡看呀！

不過看的都是《小朋友》和《兒童樂園》一類的書，不知道老頭子是不是要介紹我看這一類的書呢？是的話，敬謝不敏！

老頭子見我住了步，笑嘻嘻說：「細路！入嚟喇！我入便大把書你睇！」

那年代，治安好，香港無有兒童給拐帶，我不怕，跟老頭子走進巷裏。

原來，在巷尾撐開了一個大篷帳，帳內靠牆放着兩排高書架，上面密密麻麻都是書。

這些書大多是六十四開的小書，老頭子抽出其中一本，塞到我手裏：「你睇吓，啱唔啱睇？」

一看書面，題目是《七俠五義》，封面插圖十分生動，畫着兩個漢子對打，一執鋼刀，一拿寶劍，正自鬥得激烈。

翻開看，都是一頁頁的連環畫，黑白勾勒，栩栩如生。

再看幾頁，哎呀呀！呈現在我眼前的居然是一幅幅的男女嬉春圖。

床上男女，春情勃發，神情陶醉，尤其是女主角，嘴角含笑，柳眉生艷，看得我渾身發燙。

其時，我十二歲，正值發育時期，童心漸泯，春心湧現，看到如斯露骨的男女春意圖，不由目馳神迷，不忍釋卷。

老頭子在旁不住的勸誘：「細路！啱睇未租咯！好平啫！一毫子一本，定金三毫子。」

那麼說，租一本便是四毛錢，說貴不貴，卻也不便宜，我拿不定主意。

老頭子見我猶豫，說：「見你係細路，我抵諗啲，定金收你一毫嘞！」

於是成交。放下兩毛錢，取連環圖回家，晚上偷偷在被窩裏看。

這些舊式連環圖，故事曲折，人物性格突出，畫功高超，看了一本，又想看第二本，這樣我就成為了連環圖的擁躉。一個月內，花去我不少零用錢。

在我未上中學、懂得買《響尾蛇》、《響尾龍》之前，色情連環圖已對我追尋色情的夢作了一個導引。

是六十多年前的往事了，攏在心裏，擰不走。今日偶然路過春秧街，一個人呆立了一會，就當是追尋昔日的夢吧！

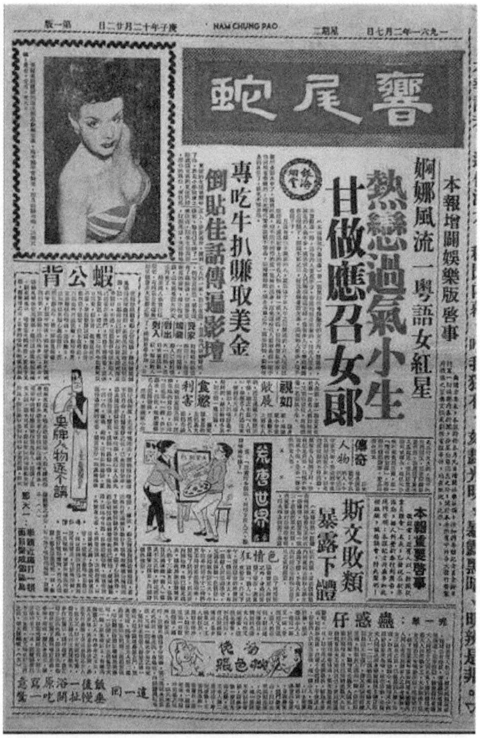

當年香港情色小報《響尾蛇》剪影。（資料圖片）

6 初窺艷照

我在唸初中二時，對女性已有了濃厚的興趣。

那時，社會風氣，不若如今開放，男女接觸，豈是輕易！

我在筲箕灣一所天主教學校唸書，全男班，生活十分枯燥。

某天，同學帶來了一張小報，曰《響尾蛇》，小小一張對開，首頁左上角，刊了一張裸體美女照片，那裸女手上捧着一簇繁花，有意無意間正好遮掩着嶺上雙梅，害得我們一群少男，個個望穿秋水，唾涎遍滴。

有不少同學都有了這樣的念頭：若果能一窺全豹，那就好了。

同學中有許姓者，忽然拍額大嚷：「我爸爸收藏了幾張珍品，覷個機會，讓你們看一下，好不好？」

哪會不好？轟然叫好。

揀了個週末，許同學的爸媽碰巧不在家，我們大夥兒湧到他府上，一飽眼福。那是日本人拍攝的黑白春宮照片，男女容貌平平，卻已看得我口乾唇燥，這是我第一次接觸異性。那年，我僅十四歲。

《響尾蛇》給與我的震慄，實非筆墨所可形容。自從看過那幅裸照後，我便成了《響尾蛇》迷。

每天早上乘巴士上課，下了車後，例必在「鸞鳳」酒家轉角報攤那裏，放下一毛錢，撿一張《響尾蛇》，塞進書包，以便下課回家仔細欣賞。

回到家後，第一樁事，就是把自己關進睡房裏，到深夜，始把《響尾蛇》取出來，用剪刀剪下裸照，貼進硬皮簿子裏。

大抵每剪貼一幅，就用鋼筆寫上自己對美女的感想。

《響尾蛇》的裸照，其實並非太大膽，充其量是裸露上身而已，自不如許姓同學父親所珍藏的那麼大膽赤裸。不過，藝術氣氛較濃，有欣賞的價值。

那時，我尚年輕，可對鑑賞裸照，已有「樂而不淫」的準則。這個準則，即使到了現在，仍為我所堅守，沒有改變。

後來，興趣更加廣泛了，《響尾蛇》已不能滿足我的需求。

性感女星狄娜，風情千萬種，男人焉能不迷？!（資料圖片）

7 美目萬人迷

六十年代初，我唸中學時，最喜歡參加「派對」。

「派對」分兩種，免費的和賣咭的。這兩種我都有參加，當然以前者較好，第一是熟朋友主持，與會者都是相識的男女朋友，全部是中學學生，複雜不到那裏去。其二「派對」選址，多是朋友家中，面積不大，參與的人不多，少了擁逼，難有衝突。

賣咭就不同了，地方大，人品複雜，於是輒生事端，許多時要勞煩警察叔叔，上門干涉。最混雜的派對當推銅鑼灣洛克道上的「四海大廈」，兩個逾千呎單位打通，可容二百人，男女擠在一起，跳舞時碰撞難免，捺不住脾性，便會發生毆鬥。我雖然放浪頑皮，不大怕事，賣咭派對還是較少去。

去「派對」，唯一目的，不是跳舞，而是結識女孩子。少男情竇初開，很想一試「拍拖」的甜蜜和浪漫。

有一趟在「五洲」大廈的「派對」裏，結識了一個妙曼少女，她姓溫名玉翠，身形高挑，鵝蛋臉，柳葉眉，難得的是臉上恒常掛着春風似的笑容，然而，她最令「派對」裏男孩子着迷的還是她那雙籠煙秋水，時忽像是對你哭，時忽又像對你笑。

每趟擁着玉翠徜徉於舞池裏，都為其雙眸所惑。

世界上哪有如此攝人魂魄的美目呢！

玉翠太受歡迎了，在「派對」裏要請她跳舞，是不能斯斯文文地去「請」，而是要「搶」。

俟音樂一響起，就得以一百米十秒正的速度，奔至玉翠身前，躬身伸手拉。

嘿！橫刺裏往往會同時伸出數手，一起去拉玉翠。

玉翠吃驚喊起來，於是所有的手靜止了，停在空間，沒有抽回，它們都在等待玉翠的「恩賜」。

為了爭取「恩賜」，手的主人們起初是相互謾罵，繼而是彼此動武。

這就可令玉翠樂了，她避在一邊，美目妙兮，欣賞少男為爭取恩賜的「龍虎鬥」。

我一向不會為女人跟人動武，只好退避一隅，冷眼看爭鬥。

唸完了中學，興趣變易，學生式的「派對」，對我已失掉樂趣，我的嗜好已投向「舞廳」，常跟堂兄、阿強到港島區的舞廳去鑽。

約莫是六九年吧！有一個晚上，十點敲過，我跟堂兄摸上灣仔「白宮」酒店頂樓的「長城」舞廳。

大班媚姐過來招呼，要紹介一位新小姐坐枱，說是「處女下海，還是剛脫去校服換上舞衣的呢！」

堂兄一聽，興趣來了，他從來不曾跟學生妹打過交道。未幾，處女下海的小姐盈盈來到枱前，坐下，作自我介紹，藝名「洪姬」。

我一看，立刻怔住了，坐在我面前的「洪姬」，不正是「派對」裏的萬人迷溫玉翠嗎？玉翠也認出我來了，主動坐到我身邊，跟我嗑瓜子聊天。白頭宮女話玄宗，往事不堪提。

洪姬溷落風塵好幾年，到我七十年代中自日本學成歸來，她還在燈紅酒綠裏討活，歲月折磨，憔悴姬姜，再也不是什麼「萬人迷」了！

8 露絲姊姊

前些日子，寫過一點關於舊尖區的風情，意猶未盡，今日再補幾筆。

六十年代中期某個暑假，我跑到舊尖區做暑期工。工作的地方是一家開在樂道的洋服店，名叫「國際洋服」，我的職位是「學徒」。

那時候，香港社會舊風尚存，一般店舖仍然會收學徒。

我這個學徒，一早要到店裏開排門板、燒水沖茶、掃地抹牆。一切準備停當，等待師傅們回店營業。

我的師傅姓郭，個子不高，為人慈祥和藹，喜歡賭，大凡狗馬撲克，他都好。

學徒有什麼好學？洋服店不同裁縫舖，不必學縫紉，只講究看布料，什麼是綿質？什麼是多摩唏？都要一一認識清楚。

除了看布料，還要學捲布。

別看輕捲布，要把長長的布料，捲上長木板，而又要嚴絲合縫，可真不容易，我學了半個月，才勉強上手。

捲布之外，還要學摺西裝，就是把一套做好的西裝，摺得整齊，放進長形紙盒，送與顧客。

我在「國際」僅當了兩個月的學徒，開學了，拜別郭師傅，可我跟他的情誼並未中斷，至今仍偶有見面喝茶。（注：郭師傅於二〇年去世。）

樂道隔壁是漢口道，後面便是亞士厘道，這一帶，多酒吧。

這些酒吧多為洋水兵所設，因此一到黃昏，就有不少「鹹水妹」站在門邊拉客。

她們手夾香煙，臉孔滿是「意大利批盪」，厚厚白白的，像舞台上的小丑。有不少「鹹水妹」為討好捧場的洋水兵，特意將頭髮染成金黃色，自詡為「東方瑪麗蓮夢露」。洋水兵受落，卻嚇壞了我這個上海「小子」。

一天，隔公司不遠的酒吧門外傳來嘈雜喧沸聲，出門一看，兩個「鹹水妹」當着通衢大道扭打起來。

別以為女人荏弱，打起架來可兇，你扯我頭髮，我一記撩陰腿踢向你下體。

酒吧一瞥。（資料圖片）

旁觀的人不但不上去排解，還鼓掌叫好。

於是裙甩褲脱，春光乍現。

年紀較大的，氣力不繼，給年輕的跨在身上，掄起拳頭，便朝眼部打去，如果給打着，眼珠不爆才怪呢！

我那時大約十五六歲，也不知哪來的膽量，竟然衝過去，用右臂擋架了年輕吧女的那一拳，而且順勢朝她上身一推，讓她倒在地上。跟住扶起年老的吧女，大聲的説：「別打了！我報了警。」

這一句果然生效，那個勢色泅泅、得勢本不饒人的年輕吧女當場愣住了，一邊喘氣，一邊罵：「媽你的屁，跟老娘爭阿JOHN，看你以後還敢不？」

年老的撫着臉，邊哭邊回罵：「別神氣，那個阿JOHN沒良心，早晚會甩掉你！」

我做好做歹，將老鹹水妹扶過一邊休息。

自此，我認識了她，她叫露絲，上海人，孑然一身在香港，無依無靠，她見我是上海人，認了我做弟弟。

自此，我就有食福了，露絲姊姊有空就請我吃東西，牛肉乾、豬肉乾……，月初出糧，還請我到西餐館鋸牛扒。

晃眼六十多年，露絲姊姊還在人間否？

9 少年郎君

我在「國際洋服」做了兩個月的暑期工，除了工作上的得益，也結識了不少好朋友。年輕時，我說話討俏，佔了很大便宜，附近一帶的同行，酒吧的男女職員，都喜歡跟我來往。

那時，我已懂喝一點酒，露絲姊姊不用說，常常從酒吧捎來一兩瓶小啤酒讓我解饞，「紅唇酒吧」的老領班，間中還會給我帶來鹵水牛肉，那是我最喜歡吃的零食。

眾多相識的人當中，有一位少年郎君，給以我非常深刻的印象，至今不忘。

許多時，太陽下山，天際染着一片紅光，「國際洋服」店門外，都會翩然來了一位少年郎君。

這位少年郎君衣履光鮮，打扮不落俗套，臉上總帶着一絲笑容，站在門外，輕輕盈盈的，飄飄逸逸的，視線往店舖裏投。

他來等咱的老闆出外吃飯。

咱的老闆姓張名順，在尖沙咀大凡做洋服生意的，無有不知他的名字。他有一個師兄弟，叫何潮，當裁縫，工場開在美麗都大廈。順哥接單，「派司」（pass）給何潮縫紉，要趕時間，一天之內可以起貨。

兩師兄弟合作，生意做得紅火。

順哥是一個很和藹的老闆，不罵伙計，只會循循善誘，他對這位少年郎君似乎很合意，一見他來，準滿臉笑容地跑出去接待，跟住便搭着肩膊，一道去吃飯了。

我問郭師傅這位翩翩佳公子是誰？

郭師傅告訴我，他姓楊，是「天文台鐘錶行」的太子爺，少年得志，生意做得很大。

聽說他有生意跟順哥合作，那便是讓去錶行買錶的遊客到「國際洋服」做西裝，投桃報李，順哥也設法令客人到「天文台鐘錶行」買手錶，互惠互利，形影不離。

從此，我更加留意這位少年郎君了。

有一個黃昏，毛毛雨，那位姓楊的少年郎君又來找順哥了，偏巧順哥不在，偌大的店舖裏，只剩下我一個人。

我走過去招呼，問：「楊先生！你找順哥嗎？」

少年郎君一怔，似乎有點兒奇怪我會知道他的姓氏。

我機靈，告訴他是郭師傅說的。

少年郎君點點頭：「順哥哪兒去了？」

我說：「他出去了，你們沒約好嗎？」

他搖搖頭：「沒有呀！我路過，找他吃飯！」

我禮貌地說：「他回來我告訴他楊先生找過他！」

他笑了笑：「謝謝！」轉身走了。

楊受成《爭氣》，跌倒再起，成就更大。（資料圖片）

這是我第一次跟少年郎君說話，以後也沒有機會再跟他聊天，因為過了不到一個星期，我便離開「國際洋服」，回學校上課去。

一晃六十多年，常在報上看到他的名字。前些日子，路過報攤，看到了他的自傳《爭氣》，順手拿來翻看幾頁，往事聯翩，浮現心頭，朦朧間，那瀟灑的身形，溫和的笑容，輕輕盈盈地又出現我的眼前。

楊姓郎君是誰？他便是今天的大名人楊受成先生！

10 一段難耐的小插曲

中學畢業後，因為原校沒有中六，加上我會考成績欠佳，只好重讀。這樣我就進入了新法書院讀特別班。

特別班，名字好聽，其實是留級再讀。母親因為我不肖，生了我的氣，不僅如此，還發動制裁，扣零用。本已不夠我花的鈔票，轉瞬少上一大截，焉得不慘，我真是度日如年。可幸，班上有個同學，跟我很合得來，常對我施與援手，把他的零用勻一些出來接濟。

同學姓關名萬信，是南洋回歸的華僑，家住北角長康街中天樓，那是一樓二戶的單位，面積很大，我常到他家玩。（近日重新聯繫上萬信，一別數十年，感慨莫名。）

關萬信喜歡跳舞、唱歌，他身高過六呎，身形標準，可惜貌不英俊，因而身邊的女朋友並不多，他看來很欣羡他的胞兄，常對我說「如果我有他的樣貌那就好了！」

如許推崇自己的胞兄，讓我真的動了好奇心，很想找個機會見一見這位英俊兒郎！

有一天在學校，關萬信興致勃勃地拉我到一邊說：「你今天晚上可有空？我大哥登場唱歌！」

登場唱歌？我不由一愣！一時摸不着頭腦。

關萬信說：「我哥哥比我更喜歡唱歌，他拜了老師，老師推薦他到『翠谷』唱歌，今天晚上我同你一起去捧場。」

有機會一睹英俊兒郎的風采，有何不好！於是晚上就偕同關萬信去了「翠谷」。到了「翠谷」門口，遇到「杜老誌」的小俞經理，原來他趕來捧張飄零的場。一行三人走進大門，立即有經理把我們引到一張枱子上，那裏已坐了五六個人，原來關家早已訂了枱子捧場。

過了不久，萬信的哥哥登場了，燈光打在一個身穿黑色絲絨西裝、領繫紅煲呔的青年身上，劍眉入鬢，鼻稜目利，唇薄臉尖，長相很有英氣，我一看，深感萬信沒說錯，胞兄的確比他俊多了。

胞兄原名關萬峯，唱歌時用藝名「樂峯」。這一夜，他唱了六隻歌，都是國語時代曲。說真話，樂峯的歌藝一般，仗住一張俊臉，大抵還能引得不少太太團捧場。只是後來林沖來了，樂峯雖俊，大有不如，因而星運暗沉，不久便銷聲匿跡了。

樂峯在「翠谷」唱的時間不長，卻留下一段令我難耐的小插曲，我欣賞的「觀音」田夢，居然看中了樂峯，每夜拉了一大堆姊妹去捧場。萬信對我說「新加美的紅星喜歡上我哥哥了！」聽在我耳裏，滿不是味兒，不過人家是歌星，我只是一個窮學生，怎樣比？從此我悟到了一個道理，男兒要有名、有權、有錢，否則任憑你如何有型，也屬徒然。

七十年代的香港男歌星，我認得的還有好幾個，一個是徐浩，本是TVB藝員，原名馬慶生；另一個是老朋友陳培展的胞弟陳培達，在北角「麗宮」唱了一段日子，而印象最深的是高明。

高明是誰？他便是當年跟藍天齊名、「桃源」影業公司的當家小生，跟賀蘭、方心拍了不少電影。

粵語電影陷入低潮，高明棄影從歌，在「銷金窩」、「甘露」等夜總會獻歌，由於挾着前度明星身份，有一段時間很走紅。久不見高明，未知近況何如？

11 客途秋恨

六七十年代，香港人作興遊船河，我當然不會放過，午夜在夜總會吃了酒，常會偕兩三損友到銅鑼灣避風塘遊船河。船孃多是蜑家妹，廣東話帶鄉音，「十蚊遊河」，叫得價響。

扔下十塊錢，上船。

船是木船，也就是舢舨，船中央築起帆艙，客人進坐，對着一張長几，就可以喝酒、吃東西、聽歌。

舢舨放乎中流，就有其他小船靠近，一是供食的舢舨，乾炒牛河夠鑊氣，豉椒炒蜆好香口，當然還有馳譽港九的「避風塘炒蟹」。

要注意的是那時候只有炒蟹，沒有炒辣蟹，所謂避風塘炒辣蟹是後來的人巧立名目，沒這回事。

叫了兩三個小菜，伴以半打啤酒，咱們便吃喝划拳，你一杯乾，我一杯呷，逸興遄飛。那時，我年輕，還帶點書生氣，坐在小艙裏，就想起了周作人說過的「烏篷船」，那江浙小城獨有的小船，跟我坐着的，又有什麼分別哩？

除了供食的舢舨，還有唱歌的船，通常坐着兩個琴師，一操琴，一打鼓，還有一兩個歌女，向遊船河的人促銷她們的拿手好歌。一曲五元，大方者給以十元。人家辛苦，咱們得體諒，總會多點兩三首。喜歡聽祥哥的《客途秋恨》，可女人唱，不夠幽怨，氣味上打了個折。

記得有一個歌女叫阿媚，三十來歲，見我眉頭緊蹙，了解咱意，說：「先生！這首《客途秋恨》我的阿叔能唱，你明晚來，我叫他唱與你聽！」

我當然說好。約定第二個午夜後相見。

第二夜，下大雨，損友們都裹足了，我為了聽《客途秋恨》，一個人先在「狄更斯」酒吧泡，等到午夜十二點，上船。

到了外海，我叫船孃找阿媚。

未幾，阿媚的船搖過來了，一見我，帶點驚喜說：「喲！先生！我還以為你不來了呢！」

祥哥主唱《客途秋恨》，猶勝白駒榮。（資料圖片）

「為什麼會以為我不來？」我問。

「下雨呀！」阿媚指指掉進海面的雨點：「雨不小呀！」

我呷了口啤酒，說：「這個光景聽《客途秋恨》才夠意思哪！」

阿媚望了我一眼：「先生！你真詩情畫意！我阿叔早來等你！」

這時我才看到有一個臉孔清癯的老人家，穿着灰色唐裝，坐在船隅。那就是阿媚的阿叔了。

我把十元鈔票扔進竹簍，琴鼓聲響，老人家開腔唱起來——「涼風有信，秋月無邊……」一聽，正是祥哥的腔，那就對我的胃口了。

《客途秋恨》是一首落魄文人的哀歌，述繆蓮仙落魄的一生，我喜歡聽，是有點自況的味道。這時，阿媚跳了過來，坐在我身邊，跟我對喝。

雨點打在篷上，響起「的答」聲音，燈影搖晃，烟霧淒迷，朦朦朧朧，我感覺阿媚有一種岸上女人所沒有的韻味，尤其是她胴體，可能長年搖櫓吧，格外的結實，小船晃盪中，阿媚的身體徐徐挨了過來，隱隱傳來一陣香氣，我忍不住伸手圈住了她的腰肢……

一曲既畢，我自夢中醒來。阿媚輕輕推開我：「我要過去了，不然，阿叔會罵！」看着阿媚的船駛遠了，我的心也冷了！船前一尺春風髻，艙內三更夜雨衾，我念阿媚深。

12 派對的音樂

六十年代，流行派對。

參加派對的，大多是少男少女，年齡由十四五歲到十七八歲，身份百分之八十是學生，其餘的多是無業少年。

這些無業少年，遊手好閒，好勇鬥狠，好事不作，禍事做盡。

我就認識一個這樣的少年，他叫阿芒，是北角春秧街最「出位」的「爛仔」。

有一天，我跟同學阿時、阿志和阿文一起到春秧街的涼茶舖喝涼茶，遇見阿芒正在欺侮一個十歲孩童，他要那孩童拾起掉進痰盂裏的嘉應子塞進嘴巴。

男童哭着不肯就範，阿芒手起掌落，一連摑了男童幾個大巴掌。男童抵不住痛，嚎哭起來，阿芒毫無憐惜之心，竟然撩腳踢向男童。

正當那一腳要落在男童頭頂上時，平日習武的阿時出手了，他竄前一步，同樣撩起一腳，恰恰擋住了阿芒的右腳，男童腳下逃生，安然無恙。那可得罪了阿芒，兩個人就由涼茶舖店堂裏一直打到馬路上。

結果，阿芒輸了，他很有點氣度，居然認輸，跟阿時做了好朋友。自此，阿芒帶我們去了不少好去處，這自然包括了派對。

阿芒去派對，即使是賣咭的，都不用付錢，而且還有許多好處，像蛋糕汽水拿雙份，請女孩子跳舞，永不會吃「檸檬」。這可把我們這群少男逗樂了，自不免把阿芒看成偶像。

那時候，派對裏採用的音樂，清一色是黑膠唱片，有快有慢，所播放的，全是歐西流行曲。

適合三、四步的輕音樂，必然是《越過彩虹》；歌曲方面，柏蒂・貝芝的是首選，後來還加上了康妮・法蘭西絲，她的《男孩在哪裏》簡直瘋魔了我們這群少男少女。

提起康妮・法蘭西絲，很有一些感慨，她晚年歌唱生涯大不如意，不幸地在加州的一家酒店，還慘遭闖入房間打劫的強盜強姦。這之後，她就星河消沉，罕見芳蹤。她的歌聲嘹亮清脆，動人心弦，我們一班少男少女都是她的崇拜者。數動聽的歌曲，當然少不了「貓王」皮禮士利的《鐵血柔情》，摟着一個美麗的少女，耳畔聽着貓王那獨特的磁性歌聲，鼻尖嗅着清幽的香氣，真乃不知人間何世，而靈魂也早已坐上了沙發椅。

有慢自然有快，那年代「阿哥哥」開始流行了。派對的快歌，清一色是阿哥哥。最熱門的自然是「披頭士」的音樂。男男女女齊集舞池，手腳並動，長髮女孩，秀髮亂舞，忽然撒向前，倏地甩向後，野性奔放，哪個懷春少男能不動心？

到了六十年代末，繼「阿哥哥」後還有「派青瓜」、「蓮步舞」和「JERK」的興起，我們這群追求時髦的少男少女，自然趨之若鶩，跳個不亦樂乎了。

香港電影資料館曾於二〇一五年二月推出「青春舞影阿哥哥」，選映五部既溫馨又青春的歌舞片賀歲。（資料圖片）

13 少男樂隊

我和泰迪・羅賓（中）頗有淵源。（資料圖片）

派對只播唱片音樂，漸漸不合時宜，在六十年代中期，香港樂壇開始流行起樂隊來。

這些樂隊的組合成員，大多是青年學生，三五成群，你彈結他我擊鼓，這就組合了一支樂隊，較出名的有「丹尼・地亞斯」、「安德斯・尼爾遜」、「蓮花」、「花花公子」和「溫拿」等等。

「蓮花」的成員有許冠傑，高大俊朗，唱歌時舞姿豪放，因而有「貓王」之稱，「花花公子」的主音歌手是泰迪・羅賓，他天生有缺陷，駝了一背，卻無妨他的演出，論受歡迎程度，當年猶在許冠傑之上。

我跟泰迪・羅賓頗有淵源，八七年曾合作

拍了一齣賣座電影《龍虎風雲》，我編劇，他負責音樂，一曲《嚨氣》，捧紅了肥媽瑪莉亞。還有他的弟弟阿關，跟我是左鄰右里的鄰居。阿關也是「花花公子」的成員，負責彈結他，樂隊解散後，他進了唱片公司，今已沒見面。

派對能邀得上述樂隊演出，自然大收旺場之效，咭的定價也能大大提高，六七年左右，有一個音樂節目叫「SOUND BEAT 67」，每個週末下午在灣仔大佛口的「海軍」俱樂部演出，吸引了千萬樂迷蜂擁而至，人龍排到俱樂部門外，連綿數里。

這些少年樂隊，因而水漲船高，收費漸昂，一般派對請不起他們，退而求次，只好向那些藉藉無聞的樂隊落手。

無名樂隊為了牟取演出機會，有時連出場費也不收，只求能得若干車馬費就心滿意足。我的菲律賓朋友占美，拉攏了三個同嗜好友，組成一隊叫「狂蜂」的樂團，廣接聘約，幾乎每個週末都到派對演出。

他們能奏不少歌曲，快的，慢的，都很有水準。占美天才橫溢，他把菲律賓、印尼的民謠，加以改編，掇成「喳喳」樂曲，帶到派對，奔放的節奏，熾熱的風情，最合少男少女的胃口。

由於不收費用，「狂蜂」名氣漸響，占美也成為少女心目中的白馬王子。他的女友無數，可是樂極生悲，色字頭上一把刀，因為女人的關係，得失了流氓，一個黃昏在尖沙咀遇襲，右手中了三刀，斷了手筋，從此不能彈結他，「狂蜂」因而氣勢大衰，終至解散。

少年樂隊，雖然只有三四人，可組班費用不便宜，一套鼓，三把結他，費用往往要好幾千，在六十年代，這是很大的費用，一般學生哪負擔得起？占美初組「狂蜂」時，只能向人租用樂器，每趟五十至一百元，收回車馬費僅三五十，自挖腰包填補，在經濟上，實在是得不償失。

可真的是那樣毫無好處嗎？非也，占美享盡溫柔，那全是免費的。有時候，那些富家少女還爭相向他進貢呢！六十年代，組樂隊成為了少男時尚，名利雙修，溫柔享盡，何樂不為？

14 望聽輕嘆

唸中學時，有一個同齡同學，組織了一支樂隊，他出任主唱歌星，參加業餘歌唱比賽，得到了第三名。

我喜歡音樂，可對樂器，學了好一會，仍未能得心應手，老友占美為了照顧我，讓我到他的樂隊打喳喳。

於是一到華燈初上，我便跟着占美到高士打道的「金獅」酒吧開工。

打喳喳，並不吃力，而且並非每隻歌都需要喳喳來和音，因此，空閒時間特別多。

空閒時，喜歡跟酒吧裏的老吧女聊天，她們大多數是上海人，份屬同鄉，容

霓燈初上，旺角一帶舞廳酒吧夜生活才開始。（資料圖片）

易熟落。

這些老吧女，遭遇都很辛酸，身邊無積蓄，加以年老色衰，舞廳去不了，只好當吧女，接待洋水兵。

洋水兵，薪水不多，軍艦泊岸，高級夜總會去不來，只好一窩蜂衝入下等酒吧，三杯威士忌落肚，豬乸也變貂蟬，隨便拉了個老吧女，匆匆跑出酒吧，衝上旁邊舊樓的樓梯，就在轉角處，進行交易。

交易往往只有五元美金。賣一趟肉只得五美元，多可恥！老吧女中有一個叫蓮達，對我很好，每趟幹完事，都請我吃麵。當時很吃得下，如今想來，滿肚是辛酸，我在吃蓮達姊的血啊！

「金獅」酒吧隔壁舊廈二樓，是一家舞廳，叫「金鳳池」，在當時，是跟「杜老誌」齊名的大舞廳。

日暾甫下、月色初升，小姐們濃抹倩裝，緩鬢傾髻，婀婀娜娜，登登登地踏上那條鋪了紅地毡的樓梯，趕着上班。

我每喜站在酒吧門前，看着小姐們一個接一個的打從我面前走過，膏沐薰燒，香氣如蘭，軟媚著人，我目馳神眩，不知所措。

「金鳳池」是一等一的大舞廳，我去不起，心雖嚮往，阮囊羞澀，動不得也哥哥，直如夏丹二姐所唱「莫奈何呀！莫奈何！」惟有望聽輕嘆！

在「金獅」酒吧混了半年，要到日本求學，只好離開香港。東京浪遊數載，又回到香港，走過高士打道，「金獅」變了「死獅」，關門大吉，可「金鳳池」仍在，想到數年前每個黃昏看到的可喜娘兒，心癢難熬，很想找機會去看一看。呀呀！又是「鈔票」問題，不敢犯險。

正自彷徨之際，救星來了。父親的老朋友閻蘭亭從台灣回港。他是父親的老朋友，當年在上海「百樂門」舞廳當經理，到香港後，改行貿易，他的姨甥女便是大明星恬妮。

閻蘭亭在香港時，每個月都會來我家玩，他性格開朗，從無世伯架子，一直當我是他同齡的朋友，於是我問他可去過「金鳳池」？閻伯伯聽了，呵呵大笑：「怎會沒去過，他老闆、經理都是我的徒子徒孫哪！」

一聽，大喜過望，就央閻伯伯帶我去「金鳳池」看看。

問閻伯伯要帶多少錢才夠花。

豈料閻伯伯一聽，臉色大變，發起脾氣。原來上海人有個規矩，去玩，老輩要請小輩，小輩跟老輩提錢，就顯得不尊重。我雖是上海人，卻疏忽了上海灘老規矩，該打！該打！

15 初探金鳳池

滿以為金鳳池既享「大舞廳」之譽，內裏裝潢必然堂皇富麗，錚亮耀光，可與「杜老誌」、「東方」等量齊觀。豈知全然不是那回事，論場面氣派，「金鳳池」不逮這兩家舞廳遠矣。

我不由得有一些失望。

沮喪之情，為閻伯伯看到，在我肩膊上拍了一下：「小鬼！價得弗吃場面，看小姐！」說的是地道上海話，轉成粵語，就是「靚仔！呢度唔係講場面，淨係睇小姐頭！」

來則安之，言則聽之，一切任由閻伯伯安排。

閻伯伯果然面子頂大，甫坐下，已有穿西裝的男經理過來，打招呼：「閻家伯伯！閻家伯伯！」叫得聲大親切。

閻伯伯介紹是他昔日門生。

原來閻伯伯在上海，除了是「百樂門」經理，還是「青幫」通字輩的爺叔，門下弟子多達二三百人。

閻伯伯接過那男人遞過來的「三個五」香煙，待對方點了火後，輕柔柔地說：「小徐！我慣個小阿弟，第一趟來，你尋一兩個好小姐上來陪伊講講心事！」

小徐一聲「得令」，領命而去。

我細細打量「金鳳池」，除了台上的樂隊還像個樣子，無論裝修、氣氛，都大不如「杜老誌」。

既是如此，緣何能跟「杜老誌」並駕齊驅？

閻伯伯也不理會我在發獃，自顧自地剝着枱面上的醬油瓜子。

很快，枱面上全是黑色發亮的瓜子殼。

這時，香風徐來，轉頭一瞧，身邊已立着一位身形碩長的小姐，衣紫緞鑲銀邊旗袍，腳踏同色麂皮高踭鞋，肩膊上披了一條淡粉紅披肩，正盈盈對住我微笑，啊！春風它吹上了我的臉，告訴我現在是春天！

閻伯伯用腳踢了踢我的椅子，說：「贛大，還不快快拉椅子讓紫薇小姐坐！」

我才知道身邊的美人叫紫薇，忙拉開椅子，讓伊人坐下。

紫薇輕盈盈的坐下，望了我一眼，問：「先生！貴姓？」一口吳儂軟語，聽得我骨頭發酥。

告以姓名後，紫薇便天南地北的跟我聊起來。

看年紀，紫薇那時大概二十七八歲，最多大我兩三歲，可無論在風度上、言談上，都比我成熟和登樣，我不由得有了一點自尊感。

坐了一會，紫薇過枱，又來了一個像張仲文那樣性感、健美的北方小姐，藝名「荷棠」。世上只有「海棠」，哪有「荷棠」？荷棠瞅住我，一口京片子：「我就喜歡，自家兒改了！」

性感美人還有獨創性，真是非同小可！再談下去，咱們的荷棠是琴棋書畫、詩詞歌賦都懂、都精，這種女人，放在夜上海，必然是「書寓」紅阿姐，溷落在「金鳳池」貨腰，真乃有點兒教檀郎神傷。

闍伯伯的話，沒錯，「金鳳池」賣的是小姐，並非場面。聽説上海幫紗廠大亨王老闆，為了追一個「金鳳池」紅星，一月豪擲五十萬。五十萬，放在今天，起碼是三四千萬，出手之豪，令我這個小阿弟弟舌頭伸出，再也捲不回去了。

16 第一次

派對去得多了，面對的都是同年齡的妞兒，慢慢就感到乏味。

我們看報上雜誌裏的艷照，那些女郎個個都是蜂腰盛臀，豐胸長腿，眼神臉容無一不散發出迷人的味道，此豈是十五六歲的妞兒所可比擬！

於是就想找個機會去接觸一下那些成熟的女郎。

可哪裏去找「盲公竹」？

左思右忖，終於想起了我的堂兄。

堂兄阿康那時在中環「告羅士打」酒家做高級侍應，他英俊健碩，平日除健身外，就是泡舞廳。

我自少就從家中母親的照相簿上品嘗過舊日上海舞廳的風光，香港既有「小上海」的美譽，看來旖旎風光大抵不異於上海吧！於是央求堂兄帶我到舞廳見識見識。

堂兄長我十來歲，我倆之間，融洽和諧，了無隔膜，聽了我的要求，一口答應帶我去舞廳看看。

那年，我記得我只有十六歲，尚在求學。

一個夏日有微雨的黃昏，堂兄帶我去闖灣畔的舞廳。舞廳的名字是「新加美」，「新加美」在洛克道一幢大廈的二樓，推門進去，有一道長樓梯。我一進門，就害怕得發抖。

堂兄發現我在索索發抖，譏諷地問：「看你，怕呀？怕就大可以掉頭走！」

説實在的，當時，我真有點兒怕，可是人到陣前，豈能退縮！

於是頭一昂，腰一挺，去也！

我扶着樓梯柄，一步一步踏上去。踏在腳下的是軟軟的地毡，這令我有了一種奇特的感覺。

老實講，在這一次之前，我曾有過一趟去舞廳的經驗。

正如前面説過，看得裸照多了，難免躍躍欲試，能夠真真正正地接觸一下女性，那就好了。

那時，我有兩個好友，一名阿強，一名阿根。

阿強已出來做事，在一家小型工廠做學徒，月入三百元。阿根則是同學，住在我家樓下單位，他媽媽疼他，每天給他零錢，花不完，我就替他花。有時候，我從美國收到了《花花公子》，就把阿強、阿根召到家中，一齊觀賞。有一天，阿強忽然這樣説：「為什麼我們不去找個女人看看？」我跟阿根轟然叫好！

可是，哪兒去找？阿強説：「那天我乘電車，路過北角，炮台山對面大廈有一家都城舞廳，我們可以去看看。」

我和阿根焉會反對，坐言起行，三個人整裝出發。

臨行前，檢閱兵糧，共有二百塊，在那個年代，準夠了。

三個人乘電車到炮台山，在都城舞廳那站下車。

乘電梯到三樓，一推開電梯門，就聽到音樂聲，而令我最最難忘的就是，門框上有一盞紅燈，而門側則灑滿「溪錢」，還點有冥鏹。

17 超級巨無霸

阿強一挺胸，推門進，立刻就有一道光芒迎面而來，那是領位員的電筒。問明「先生幾位」，那漢子就帶我們三個人分坐三個卡位。為謹慎起見，我們三個人坐的卡位都是接連的，萬一遇事，好有個照應。領位員問：「先生！有沒有熟小姐？」答道：「沒有！」領位員笑說：「好！我介紹幾位漂亮的小姐，讓你們老闆開心開心！」

說完，就離去了，不多時，一陣花露水氣味，直撲我鼻子，害得我幾乎咳起來。我一嗅到那種花露水味道，就立刻想起了「林文伊」，那是舊上海最最流行的一隻牌子，想不到，會在這種場合嗅到。

來者是一個女胖子，臉孔胖嘟嘟，大腿粗肥肥，嘴巴大，眼睛小，鼻子扁，加起來，活活脱脱，道道地，就是一個「東施」呀！哎喲喲！我的媽，我給嚇死矣，想走，哪裏走得動？女胖子一坐下來，用屁股向我一擠，我就乖乖地向裏側移，哪有空隙容我「跑」？不不不！是「躲」。只好硬着頭皮，瞎三話四，亂扯胡說。

女胖子可能不知自己貌寢（註：醜的，或者是年過四十的大部分女人，都沒有自知之明，總以為自己對男人還有很大的吸引力），還道自己的「花容」可比貂嬋、西施，一開腔，尖聲鬼氣，一併襲來，聽到我心兒「撲通撲通」，當然不是興奮而跳，而是呀——嚇得跳。有心臟病的人，大抵這時候就可以一命嗚呼，成為閻羅王的女婿了。接下來的場面，自然是牛頭不對馬嘴，答非所問，支支唔唔，聊以敷衍。可是，這就更慘，那女胖子誤以為我是「害羞」，所以不敢言，於是加多兩分「肉緊」，索性施展祿山之爪，把我牢牢攫住，這時，鑽入我鼻子的，不是花露水氣味，而是——從她口腔裏洩出的臭氣。

實在熬不住了，出盡了吃奶之力一推，女胖子「哎喲」一聲，雖不致整個人往地上倒，卻已挪出了一點空間。我趁此機會，彈起，奔離卡座。才走了幾步，一道電光迎面射過來。

「兄弟！有什麼不妥

「超級巨無霸」！（資料圖片）

嗎？」正是剛才那個領位員，他笑嘻嘻地站在我面前，攔住去路。

我一怔說：「喂！你換個好一點的行不行！你看——」我轉個身：「我那麼瘦，你卻弄個巨無霸來。」那好比新馬仔之遇譚蘭卿，不配之極。

男人呵呵一笑：「好！顧客萬歲，我立刻換。」說完，電光向左移，照住了那個女胖子：「阿肥！六號枱！」唉吔吔！原來她真的叫阿肥！要命！

女胖子吃力地站起身，走過我身邊，狠狠地白了我一眼。後來我才知道，這在歡場裏叫做「咳枱」，是對小姐的一種侮辱。不過，如果不侮辱她，就侮辱了自己。朋友！換是你，挑哪一樣？

於是，我走回原位，靜候佳人芳蹤。

18 老人院、謀人寺

幾分鐘後，佳人來了。

影子移近，一看，還配胃口，至少不胖，身材適中，一開口，聲音甜絲絲，滑黏黏，頓教我精神為之一振。我滿懷希望，以為這回是來了西施。孰料，這簡直是天大的奢望。

迨我凝神一瞧，哎喲喲！我的媽媽！原來是個大麻子。只是從遠處看，並不察覺，但就着近處，就清清楚楚，一覽無遺。

我嚇得魂飛魄散，怎麼這裏的「美女」，跟《花花公子》裏的美女，有這麼大的不同！我把身子挪開，壓着聲音，向前面叫：「阿強！阿強！我們走，好不好！」

《花花公子》，世上最高級的情色雜誌，百分之九十的男人都看過。（資料圖片）

沒有回聲，我再叫兩遍，仍舊寂然。那位「佳人」，脾氣很好，細聲說：「你站起來看一看。」

卡座的背雖高，但站起來，隔座春色，仍然可以盡入眼簾。

我從其言，站起來一望。呵呵！原來阿強已躺倒在一個背着我的女人懷裏睡着了。「噓噓噓！」我一連「噓」了幾聲，那女人回過來看，正跟我打了個照面，媽呀！我還以為見到了我的外婆。

少說有五十了吧，還在這裏現世。

「請你推醒他！」我指指她懷中的阿強。

「喔！」女人把右手食指湊近嘴邊，示意我別太大聲。

看樣子，女人還頂呵護她懷中的阿強呢！

我提高嗓門：「阿強！阿強！我們走吧！」

一聽「走」，阿強立刻醒了過來，掙扎起身，望着我，臉色充滿了喜悅：「走？好呀好呀！阿根呢？他走不走？」

我說：「你看看！」阿強站起來，向隔壁卡座一看，跟着大力一拍座背：「阿根！我們走了。」立刻傳來阿根的應和聲：「好！我們馬上走！」我對大麻子說：「結賬！」

大麻子問：「不多坐一會？」我說：「媽媽罵，趕時間！快！」大麻子磨蹭了一會，這才肯去。不久，賬單來，居然是一百二十多元，十分之不便宜。阿強付了賬，三個人一起奔下樓。到了樓下，大家大力吸一口氣，這才發覺街外的空氣原來是那麼清新。我望着阿強，阿強望着阿根，阿根望着我，三個人，不約而同地喊「呀！謀人寺！」跟着是「老人院！」我問阿強為什麼陶醉得睡着了？阿強瞪瞪眼：「誰說的！我是嚇得暈了過去呀！」原來如此，還道是陶醉呢！正因有了這樣的惡劣印象，我對堂兄的信心不大。

走完那條長樓梯，我跟堂兄被引到近音樂台不遠的四方枱上坐下。甫坐下，已有人送上瓜子一碟，香茶兩杯。

跟住一個穿黑西裝的中年男人走了過來。

堂兄跟他似乎很熟落，寒喧一番，那男人從口袋裏拔出一枝電筒，照着枱面。

這時我才看到原來枱上有一張紙。

堂兄把它揭開，借過那男人手上的紅筆，在上面死勁地打圈。

打了一會，把紙交給那男人。

19 小姐名單

男人後在紙上面畫了幾下，說了聲「好！葉先生，放心，我辦妥。」就離開了。

我問堂兄那是什麼紙？

堂兄朝隔壁空枱瞧了瞧，順手牽羊，把枱上那張紙拿過來，打開給我看，只見上面寫滿小姐名字，什麼張紫媚，張丹紅，方逸敏，方小紅……，一大堆，更具特色的是在小姐名字的旁邊，四方小格子裏還印上「國粵滬」，或「國粵英」等字樣，看得我一頭霧水。

堂兄笑着對我說：「這是代表了小姐們能說的方言，粵就是廣東話，滬就是上海話，英自然就是英語。」

原來如此，舞廳也講文化，真是始料非及，我再看名單，赫然還有「日」字，那就是說有些小姐甚至會講日本話呢，難得！難得！音樂一停，燈光轉亮。

我看見千萬佳麗，有如穿花蝴蝶，往來穿梭，香氣襲人來。

很快，我們身邊的兩張空位子，有小姐來佔據了，仔細一瞧——

一個穿粉紅連衣裙，白嫩指頭上套着紅寶石戒指，在幽暗中閃亮。

一個穿銀色旗袍，指頭套綠寶石戒指，銀色閃出光輝，把她襯托得有如一條銀蛇。

我看得呆住了，原來同是舞廳，居然有天淵之別，我真是有如劉姥姥，初入了大觀園呀！

堂兄在我耳邊作介紹，一一道出了小姐芳名。

我是一個也聽不進去。

這時燈光忽然轉暗了，舞台上的樂師打響了音樂，是一隻輕快節奏的牛仔舞。

堂兄對我笑了笑：「湯美（我的英文名字）！這隻舞你一定會跳，快些跟飛鳳小姐出去跳吧！」

聽得是牛仔音樂，堂兄以我常去派對，必定懂得跳牛仔舞，孰料他不知道，在派對裏，牛仔音樂，通常是被當作「阿哥哥」來跳的。

我搖搖頭，表示不會。

那穿銀色旗袍的小姐就是飛鳳，她梨渦淺現，甜笑說：「那我陪你跳阿哥哥好了！」

滿以為我一定會喜不自勝地答應，我還是搖搖頭。

這不但連飛鳳怔住了，堂兄臉色也尷尬，訥訥地問：「怎麼啦！難道阿哥哥也不會跳？」

我默不作聲，只是對住飛鳳傻笑。他們不知道，此時此刻的我，已到了神經崩潰的地步。我望着飛鳳的臉孔，圓姿替月，美不可方物，籠在旗袍裏的身材，簡直是玲瓏浮

當年丁佩（中）擅跳「阿哥哥」舞，故有「阿哥哥女郎」之譽。（資料圖片）

突，勾人魂魄，如果我跟她步落舞池跳舞，只要稍稍牽住她的手，別說跳，怕連走路也走不動了。

20 一等一大美人

飛鳳不愧是紅小姐，應變快速，她迅即說：「湯美先生！不跳舞，我請你吃瓜子！」隨手在碟子上抓了一把白瓜子，放在手裏，然後拿起一顆，放在唇邊，銀牙一咬，嗑開瓜子殼，拈出一粒墨綠色瓜仁，遞到我嘴邊。

最難消受美人恩，這生平第一顆美人剝給我吃的瓜子，六十多年後的今天，那陣甘香，仍然黏貼在我的舌尖上。

大概我的模樣獃極了，飛鳳「噗哧」笑起來。

堂兄身邊的那個穿粉紅連衣裙的小姐也笑了。她的微笑，猶如春風裏的玫瑰花開，美極了，也艷極了。

原來她的名字就叫做「美艷」。

這時，我耳邊聽得堂兄在說話：「美艷！最近有沒有返晚舞？」

美艷搖搖頭，一臉不屑：「不返！」

飛鳳也搭嘴：「我也不會返！」

我望着飛鳳，癡了！飛鳳吃笑問：「湯美！你常常來嗎？」回答是：「處男下海！」

「原來如此！」飛鳳笑了，我也笑了，在這個別有洞天的場所裏，我漸漸沒有了壓力，所感到的只是興奮和快樂。

萬想不到這個心念，就令我在這種場合一直沉淪了五十多年，直至今天，沉淪不再，思念如昔。

「新加美」的制度是很有規矩的，分茶、晚舞。茶舞六點多開始到九點半，那時的枱票是一塊錢一個鐘。

晚舞名義上是由十點開始，但起碼要到十點半才有客人，枱票是四塊錢一個鐘。茶舞與晚舞有什麼分別？有說明必要。

首先，茶舞的音樂較快，通常是一慢一快，五分鐘不到就完結。然後燈亮，小姐轉枱子。晚舞的音樂較慢，大抵有十分鐘以上，因此跟小姐的溝通比較容易。可是，大部分的舞客都喜歡跳茶舞，原因是茶舞時刻，小姐雲集，挑選好小姐的機會增加，茶舞一過，好的小姐大多給人帶出去吃飯，留下冷板小姐，在晚舞充斥場面。所以懂跳舞的客人，都不會跳晚舞。

堂兄也喜歡跳茶舞，但所持的原因不同於一般舞客，因為他負擔不起晚舞的消費。

有不少小姐，不喜返晚舞。原因有二，一是客人少，賺錢難；二則是返晚舞，有失身分。

原來一般紅小姐，多在茶舞時候為客帶出去吃飯，茶舞不出街，要淪落到晚舞候客，就是表示自己是「冷板」，示人以弱。

所以一般略具姿色的小姐，萬一茶舞沒客，都會借故不上晚舞，寧可自掏腰包，向公司付賬，保持自己身分。

那時，「新加美」有幾位紅小姐，排場很驚人，像江濤，玉人頎頎，人見人愛，她的枱鐘旺到令人不敢相信。

江濤不是每天上班，大約一星期上兩天班，時間是八點到九點。

她一上班，場面就立刻哄動起來，她喜歡在頭頂上梳一隻髻，髻上插着鑽石針，然後是旗袍，高跟鞋子，雖為南人，卻有北人的爽朗，不少中年男人，一見到她，就神為之奪。江濤在場上往來穿梭，手上滿拿着枱票，一看到熟客，就拚命查票，查到了，抽出來，先過來坐。坐到她枱子的客人，都感到有無比的光榮，她真的具有海派名女人的風範，是「新加美」一等一的大美人。

21 仙樂紅顏

對「仙樂斯」，我的懷念很深。

不僅是在那裏碰見了心儀的第一美人——高蕙，還有那個叫「翠珊」的混血小姐，也令我難忘。至今，偶爾路過金巴利道「新美麗華」酒店（即「仙樂斯」舊址），我都會駐足而觀，尋思往事。

那四十二年前的往事，仿如轉燈似地，一幕一幕在我眼前旋轉不絕……

六八年，我剛弱冠，跟老朋友阿強和他的一班「九廣」鐵路工友，常到「仙樂斯」跳茶舞，由晚上七點，

仙樂斯夜總會外觀。（資料圖片）

一路跳到十點。

大班何鵬和邱婆對我們特好，四個大男孩，只坐兩位小姐，也不以為意。我們入息少，這樣就可以玩得久一點（不是大班額外眷顧，四人坐二妹，會受人白眼）。

那時候常來坐我的小姐，是「萬紅」和「翠珊」，她們輪番來坐，對我都非常的好。

萬紅嬌小玲瓏，小鳥依人，而翠珊則熱情奔放，有着混血女郎的特點。

翠珊喜歡笑，笑聲響亮，因此我一直以為她活得很快樂。

有一個下雨的黃昏，只有我跟阿強上「仙樂斯」，翠珊來坐，出乎意料之外地，她慣常的笑容沒有了，代之而出現在她臉上的，是悲悒的愁容。

我逗她說話，也是三句應一語，完全失掉往日的爽朗和熱情。

下意識地我知道有什麼事發生在翠珊身上了。

乘阿強擁着小姐出去舞池跳舞之際，我追問情由。

這一問可就糟糕了，翠珊起初只是眨眼無言，經我再三追問，最後忍不住、黃河決堤似的，「哇」地哭了出來。

這一下可把我嚇壞了，隔壁枱子客人詫異的眼光都投到我身上，有如利箭，令我渾身不好受。

我連忙遞上手帕，讓翠珊抹淚並溫言勸慰。

翠珊抹了淚，嗚咽地說「湯美！你現在就到樓下等我，快！」

我如奉綸音，無暇再理會阿強，一個箭步奔離舞廳，坐電梯到了樓下。

五分鐘後，翠珊挽着手袋從電梯裏匆匆衝出來，一手拉住我，亡命朝金巴利道的南面奔去。

不到三分鐘，我們已坐落在「東寶」咖啡館裏。

燈光淡淡，音樂幽幽，翠珊如訴如泣道出了她的傷心事。

翠珊自小沒有爸爸，她媽媽是河內道一家酒吧的吧女，跟水兵鬼混，生下了翠珊。

翠珊的媽媽嗜賭好毒，因此翠珊不到十六歲已給送進舞廳當舞女（此時我才知道翠珊還未成年）。

翠珊孝順，心不願，還是忍聲吞氣順從下來，每月把伴舞所得，供奉媽媽生活所需。

翠珊貌美如花，海東逐夫，慘綠少年，趨之若鶩，翠珊媽媽不由暗喜。

本來一直相安無事，可近月有一個大客看中了翠珊，要為翠珊開苞。那大客年逾花甲、相貌醜陋，可翠珊媽媽卻為那五萬元酬金迷失了本性，死命要翠珊就範。

說到這裏，翠珊又大哭起來。

22 初夜有價

翠珊嚎啕大哭，咖啡室裏的所有顧客都轉頭望了過來，眼看一個慘綠少年跟一位如花少女同坐一處，而那少女又是梨花帶雨，哭個不休，大抵都在想：那個「死飛仔」又在騙女人了！

我由是大窘，恨不得找個地洞鑽進去，邊想勸翠珊不要哭，邊又不知如何溫言善語安撫，於是忙了手腳，不知所措。

正當此時，忽然咖啡室的入口處，如一陣風似的，衝進了一個微胖的中年女人，一枝箭地衝到我跟翠珊的枱前，一言不發，撩手兩個耳光，敲在翠珊那白皙嫩滑的臉蛋上。

登時，兩個紅印清晰地在翠珊的臉蛋上現了起來。

女人一手拉住翠珊的秀髮，開口罵「死妹丁！你找死啦！居然學人揾仔？快走！」

翠珊一邊哭一邊嚷「媽咪！我不走！我不回去！」

這時我才知道面前這個惡狠狠的女人，正是翠珊的母親——那個軟硬兼施，逼親生女兒出賣初夜的狠心母親。

翠珊的母親死命地拉着翠珊的頭髮，硬要拉她走。

翠珊死命拉着枱角反抗，兩人拉扯，成了拉鋸戰。

我實在看不過眼，勸說「這位太太，有事慢慢說，好嗎？」一番好意，換來一頓臭罵，什麼粗話都罵了出來，連我十八代的祖宗也給那胖女人污辱了。

我不禁大怒，回說「太太！如果你再這樣，我報警了！」

滿以為這會嚇她一嚇，豈料翠珊的母親聽了，更兇，瞪着豬眼，戟指大罵「死仔！你知不知道我是誰？老娘出來闖時，你還在穿開襠褲！我警告你，離我女兒遠一點，不然有你好看！」

翠珊這時也止了哭，伸手在我背後輕輕推一下，低聲說「你先走！別理我！」

可我怎能走呢！一股仗義之心，倏地在我心裏燃燒了起來，我不能坐視不理呀！對不？

於是我說「翠珊！你要堅強呀！不要再

我不禁大怒，回說「太太！你再這樣，我報警了！」（資料圖片）

愚孝！」

此言一出，翠珊的媽媽更火，掄起拳頭，朝我胸口槌了過來。猝不及防，「蓬蓬」兩聲，胸口連吃兩記，隱隱作痛。

翠珊的母親一擊得手，哪肯罷休，拿起枱上的咖啡壺，就想朝我頭上砸過來。「美絲！住手！」情勢萬急之際，一把男人嗓音從橫刺裏響起來，跟住一隻蒲扇巨手，握住翠珊母親手腕，硬生生的把那咖啡壺奪了下來。

那人正是「仙樂斯」的大班何鵬。何鵬對住我叫：「湯美！快走！」

我在萬分不願的情況底下離開了「東寶」咖啡館。這也是我最後一趟見到翠珊了！自此五十年，不再一晤。

後來聽何鵬說翠珊真的以五萬塊把初夜賣給了那個男人，男人很愛她，把她收為妾侍，還生了孩子。

雖然不是太理想的結局，可只要翠珊生活安定，那也算是一種幸福了吧！

23 觀音田夢

「新加美」另有一姝，曰田夢。

田夢乃上海人，香港出世，我遇到她時，只有十六歲。十六歲，本來是不能出現在夜遊場合的，可六十年代，法律較鬆，且又是藍剛呂樂時代，關係好，沒相干。因而田夢得以十六歲之齡，廝身於群雌粥粥中，而且進而跟江濤相互較勁。

「新加美」有了這兩位巨星助陣，生意之滔滔，自不待言。

堂兄跟田夢善，每到「新加美」，必邀她來坐枱。我遇到田夢，是在我第三次去「新加美」的時候。她長得高度適中，皮膚跟江濤一樣白，「瓜子」臉型，嘴巴小小，笑起來，有一個小酒渦掛在右邊臉頰上，十分迷人。

新加美教我惹恨長。（資料圖片）

我一見她，就有了這樣的感覺：呀！這不是天仙下凡嗎？到了現在，當然不會有這樣的心境，任憑你怎樣美，也動不起我這樣的心念。可是，那時，我才十八九歲，血氣方剛，見的女人，少之又少，看到真正漂亮的女人，自不然要想到是天仙下凡了。

田夢第一次坐在我身邊，我是緊張得連話也說不出來了。古語有所謂「呵氣如蘭」，用諸田夢身上，最是貼切不過。她一開口，香氣從舌底飄過來，讓我酡然欲醉。

不是我誇口，四十多年來，再難看到像田夢這樣的女人了。

她見我不說話，隨手剝了顆瓜子，送到我手上：「吃呀！」

我哪敢抗命，吃了下去，不知是否心理作用，覺得特別香甜。

「你很少上來玩？」她問，我不開腔，猛點頭，她嗤哧一笑：「你啞的嗎？」我搖頭，她笑了：「不是啞的，為什麼不開口？」

我告訴她一見到她，就不會說話了。你猜她怎樣說？

她說：「你能這樣說，就證明你很會講話！」

我見她毫無紅小姐架子，膽子就壯起來。

我這個人，只要膽子一壯，就什麼都敢說，而且還會比平日說得更好，這是天生俱來的才能，你羨慕不得。

我們越談越投契，便教堂兄冷落在一旁。

未幾，大班來催她過枱。

她站起來，用手拍了拍我的肩：「等我一下，待會陪你跳舞。」然後飄然而去。我望着田夢遠去的背影，怔怔地出神。

堂兄瞧着我那副傻相說：「別暈大浪啦！人家是紅小姐，我們只有看的份兒。」

如果堂兄不是這樣說，我想日後我是絕沒有膽量去跟田夢往來的。我這個人，天生牛脾氣，也就是廣東人所謂的「包頂頸」，你說不行，偏不信，好！試一試！輸了，不丟臉。萬一贏了，光耀門楣。哼！主意打定，反而不覺有什麼緊張。

又過了兩節舞，田夢像一隻蝴蝶似地飛了過來。「我以為你不會過來囉！」我故意這樣說。

「為什麼？」田夢白了我一眼。「你手上有這麼多的枱票，怎會挨到我？」

「哼！枱票多又怎麼樣！我喜歡坐哪裏就哪裏，誰管得着！」田夢不以為然說。

24 蜜糖兒

我朝堂兄看了一眼，隱含有示威之意。堂兄只是冷哼了一聲。此時，燈光忽然暗了下來，樂隊奏起了慢歌。

田夢說：「我們去跳個舞。」我站了起來，跟着她走進舞池。

當我第一次握着田夢的手時，出乎意料之外，不但沒緊張，反而有一種熨貼的感覺。

那隻手柔軟如綿，握在手裏，不着一物，那跟我以前握過的少女的手，有着極大的分別。

派對少女的手，雖然柔軟，卻總還是帶點兒骨感，可田夢不一樣，她的手，彷彿沒有骨頭似的，任你怎樣捏，也捏不着。

「怎麼啦？你捏得人家好痛！」舞池裏的田夢輕發嬌嗔。我如夢初醒，忙不迭的道歉。

田夢看到我的獃模樣，忍不住笑起來：「你這人真可愛！」

我還是第一次聽到女人說我「可愛」，骨頭登時輕了下來。骨頭一輕，說話就玲瓏，於是口若懸河，有如大江之水，滔滔不絕，一忽兒讚田夢漂亮高貴，一忽兒自貶是癩蛤蟆，逗得田夢笑不可仰。

於是，兩個人的身軀，越貼越近，不一會，我的臉貼到了田夢的臉。

哇！不得了！那是一張蜜糖兒似的臉，滑溜豐嫩，吹彈可破。說真的，一直到現在，我還不曾貼過一張近似的女人的臉。

我屏住呼吸，就生怕呼息會揩污了田夢的臉頰。除了臉，我的雙手也開始緊了，圈住了田夢的纖腰。

那條腰，掂量不過二十三吋，那是名副其實的蛇腰。

那年代，南洋來了一位女歌星叫華怡保，歌聲清澈嘹亮，吸引了不少顧曲周郎，可真正令她顛倒眾生的，其實是她的那條蛇腰。

據認識華怡保的人說，華怡保的腰大抵只有二十一吋。

啊！二十一吋，那不是幼得超乎尋常嗎？我想，如果有個粗漢，不解溫柔，只要稍稍用力一捏，豈非折

素有「柳腰歌后」美譽的華怡保，歌聲清澈嘹亮，吸引了不少顧曲周郎。（資料圖片）

斷？

二十一吋，似乎是言過其實，但二十三吋則是近乎事實，那不是跟我懷中的田夢等量齊觀了？

想着想着，不由幻想手上圈着的是華怡保的蛇腰。

忽然耳朵吃痛，耳邊聽得田夢的嬌叱：「死鬼！你在想什麼？」

那時候，我年輕，應付女人的經驗不夠，竟然如實相告。

田夢臉色一沉，用力甩開我的手，說：「不跳了！」語方畢，已一逕走回座椅，留下我一個人獃獃地佇立在舞池裏。

千百對眼，同一時候，投到我身上，有如千枝扎針，戳得我全身發痛。

25 金玉良言

我真是六神無主，不知所措。

堂兄走到舞池，一把拉我回座。

田夢的臉，冷如冰，嚴似霜，看見我回座，也不望我一眼，只顧掂量手上的枱票。

堂兄忙打圓場。

田夢冷冷地說：「大哥！你這個弟弟是一個木頭！」跟着把我在舞池裏所說的話，一一說出來，聽得堂兄一臉苦笑。

我望着田夢，不是乞求她的諒解，而是想知道我到底犯了什麼錯，觸怒了她。

音樂完了，田夢要過枱。站起來，別過背時，瞧了我一眼，那眼神既惱恨而又憂怨，五十多年後的今日，仍縈繞我心田。

伊人身影消失後，堂兄問我可知道哪裏開罪了咱們的美人？

我搖搖頭，印象中，我似乎沒開罪過她，而且，我根本沒敢開罪她。

堂兄於是說出了一番話——「湯美！你以後要記得，無論在歡場也好，情場也好，千萬別在女人面前稱讚別一個女人的優點。對住身邊的女人，你記得，千萬記得，只能誇她，不可提另一個女人。」

我這才恍然大悟，女人心胸窄，容不了別的女人身影。

堂兄這番話，令我得益無窮，自此之後，我仗着這番金玉良言，倒也頗能揮灑自如地馳騁在歡場了。

那夜，田夢也許怒了，一直沒再覆枱，我和堂兄只好怏怏然離開「新加美」。呵！不！怏怏然的，應該是我，而不是堂兄。

走在黑夜的馬路上，堂兄見我鬱鬱寡歡，開解我說：「湯美！別難過，歡場自古無真愛，你只能當作逢場作興，當不得真。你認真，受傷的是你。我早跟你說過像田夢那樣的紅小姐，是不會容易跟我們往來的，你只能抱着白相相的心情，這才能在歡場泡。」

我聽了，也就釋然了。

其實那時候，「新加美」的美人可多着呢！除了江濤，田夢，還有美娜、飛鳳、丹華和張紫萍。

美娜、飛鳳是堂兄的摯愛，每至，必然圈點。

美娜是苗條型的美人，細皮白肉，鳳眼櫻嘴，真乃絕代佳人；而飛鳳則屬南人北相，半長頭髮掩住左邊臉頰，雙峰插雲，跳起「喳喳」，上下晃動，池畔舞客莫不心旌搖蕩，不能自己。

當然不能不提丹華，她的身世很可憐，惹人同情。

丹華是上海人，很早沒有了父親，跟媽媽相依為命。為了生活，她媽媽投靠了一個海派作家，她不甘做「油瓶女」，自力更生，投身舞國。

我忘不了丹華，並非是她的花容月貌吸引了我，而是她的坦率相對。

坦率的女人，是最美麗而值得敬重的，因為她具備了大多數歡場女人所沒有的「純真」。

26 姊妹深情

丹華第一次來坐枱，她的端麗優雅，已給了我極好的印象。

我拿起「名單」看，在「丹華」名字右面的四方格子裏，標示着「滬粵英日」四國語言。

那年代，小姐懂講上海話，絕不出奇，因為解放後南移的上海人多，他們的下一代，在家裏大多以上海話為母語。可能講英語並不多，況乎日語？

於是我就萬分敬佩地對丹華說：「丹華小姐！你好厲害，英語不說，連日本話也懂哩！真是呱啦啦！」我豎起大拇指。

丹華起先是臉一紅，繼而訥訥地回答：「葉先生！你不要笑我！我哪能講英文和日文哩！」

我一聽，愕住了，指指「名單」說：「這上面不是寫着嗎？」

丹華見我一臉認真，也緊張起來，連忙分辯：「這上面的『英日』，你千萬別相信。我不會講！」

「什麼？」我定定望着她，一臉不解。

丹華說：「那是生意上的噱頭，說小姐能多講一兩種方言，就會多招引客人。」

「那你真的一點都不懂？」我好奇地問。

丹華搖搖頭：「那倒不是，英文我會講，那是『What is your name?』，『How do you do?』，日語嘛，我講得最棒的就是『阿厘阿鐸』——」

還沒說完，我已「格格」笑起來。

丹華見我笑了，也陪我笑，她天生能順人心意，因此我就給她安上了個綽號「順德妹」。我告訴她，芸芸廣東各省中的女人，最和藹可親、善解人意的，就是順德。

因為這一笑，距離拉近了，丹華毫無保留地把她的過去告訴了我。

丹華有個親生妹妹叫「莉莉」，是灣畔「六國飯店甘露夜總會」的駐場歌星。長得清秀可人，夜裏燈光映照，橫斜帶月，長眉入鬢，又別是一番風味。我聽過莉莉的歌，於是把對莉莉的觀感道與丹華聽，她喜不自勝：「原來你聽過我妹妹的歌，你覺得她唱得怎樣？」

我告訴她莉莉唱《良夜不能留》，不遜原唱者憶如。丹華一聽，握住我的手，輕輕搖：「謝謝你！謝謝你！」姊妹深情，溢於言表。

丹華是一個孝順女兒，舞廳所得，悉數歸公（公者，她的母親也），只留下少數零用，應付生活。

李香蘭一曲《恨不相逢未嫁時》，我恨不早識伊人。（資料圖片）

我於丹華，只有友情，而無異心，借用李清照詞而易一字，正是「倚遍闌干，只是無情意」。

張紫萍不同丹華，是另一位上海小姐，為了丈夫的病而貨腰，她從不跟客人出去，茶、晚舞通頂，敬業樂業，二十年後（八十年代），我重臨「新加美」，她還在。問因由，對曰：「他死了！我也不再想活了！」

聽了，很感黯然，可同情的說話一句也說不出來！

27 雲雨無情

我是一個天生有劣根性的人，春秧街的妓寨索款五元，我沒有，可我也想出了一個應對的方法，決定一個星期省吃儉用，把五元省下來，然後去「冒險」。

皇天不負有心人，經過一個星期的奮鬥之後，我攢下了六元。

哈哈！可以嘗鮮了！

一個星期六下午，不用上學，母親一早約好親友抹牌，父親也去了「半島」跟嘉道理喝下午茶，於是世界是我的了，海闊天空，任我翱翔。

當我舉步踏上那幢大廈的樓梯時，我的心跳得非常的快，「砰砰砰」，連我自己也聽得清清晰晰，到底是人生第一次呀！那年，我剛剛十四歲，正上中學二年級。

平日接觸的，都是同齡的女孩子，能拖一下手，搭一下肩膊，已足以令我歡喜若狂。如今，呀呀！不到十分鐘，就可以先是相對袒裼裸裎，繼而劍及履及，那種滋味，只要想一想，也足夠興奮矣。

我一步步踏上樓梯，奇怪的是，平日走得輕快的雙腳，今日忽的沉重起來，那三四十級的樓梯，居然教我走了五分多鐘。

終於，彼岸在眼前，那個中年女人嘴角叼着一截香煙，微笑地望着我，好像是在說：「靚仔！你終於來了！」

我的臉一紅，站在她面前，不知所措。

中年女人走到我身邊，伸手拖住我的手：「入嚟啦！靚仔！」這個「靚」字，帶有褒美之意。

我跟那女人走進去。

裏面並不大，四四方方，隔了三個房間，女人引我到靠窗的那個房間，揪起灰藍布簾，讓我走進去。

房內陳設簡單，除去一張床外，只有一個小几，上面放了一個銻盆。

女人轉身把木門關上，再扣上鐵鈎，這樣，門就給關得嚴嚴，外面的人無法進來。

「靚仔！除衫啦！」女人若無其事地將香煙扔在地上，用鞋底狠狠地踩了幾下。

之後，她開始在我面前脫衣。

當那奶白色的胸圍給甩掉後，我終於第一次看到女人的乳房了，不像小電影裏的好看，這個女人的那對大奶子，像吊鐘，死氣沉沉的垂着，一點生氣也沒有。

女人接着把長褲、底袴給脫了。

她的雙腿粗壯一如大笨象的腳，上面攀滿青筋，十根趾頭，胖大渾圓，趾甲邊滿嵌着

巫山雲雨自難忘。（資料圖片）

黑泥，再看那神秘地帶，卷卷黑漆漆的亂毛，四散的斜飛着。

哎喲！我的媽呀！我幾乎想吐起來，我怎能把我的第一次，送給眼前的這個女人！

幸好我還未脫衣，一個箭步，推開那女人，便去開房門。

那女人雖身無寸縷，動作好比游魚般靈活，橫身一擺，正好擋在我面前：「靚仔！唔做都要俾錢！」

我雖是她心目中的「靚仔」，也不笨，一挺胸，說：「我乜都冇做，點解要俾錢？」

女人厲聲說：「冇做俾一半，兩個半！」

罷了罷了！我摸出三元，塞在女人手上，推開她，打開門，一溜煙地溜到街上。

呀！街上的空氣真清新，對街賣菜的老婆婆，看上去也要比那個中年女人美！

二、歡場今昔

題記：何處約歡期，芳草外，高樓北。

——（宋·方千里）

28 月夜逢

我執筆寫這段《可憐的流鶯》時，眼淚忍不住在淌流。

到底流了多少？我也不知道。

淚眼模糊當中，彷佛又看到了五十多年前那個「老女人」，可憐兮兮地攤開手，有神無氣地問我討飯錢。

那已是六八年秋天的事了！

可那淒涼可憐的情景，就如日昨，清清晰晰、明明白白地照映在我眼前。

那年，為了餬口，我跟兩個菲律賓朋友占士和雷姆斯在灣畔「金獅」酒吧當洋琴鬼，凌晨三點打烊，安置好機器後，我們三個人都會習慣地到附近的大排檔吃消夜。

有一天，占士和雷姆斯他們各自約了女朋友，（好兩個重色輕友的伙伴！嘿！）不能與我作伴，我只好披上外套，一個人跑去大排檔，想喝一杯啤酒，吃一碗牛雜麵裹腹。

半途中，雨忽然下了起來，由於沒雨衣，我只好躲在簷下避雨。

凌晨三點十五分，路上行人稀少，忽然，背後一陣微微的暖氣吹了過來，回頭一看——一張粉白冰冷的臉，正瞪大眼睛望着我。（那可是鬼？）

如果不是我膽量大，準會「哇」地叫了起來。

我連忙退後一步，喝問「誰？幹什麼？」

粉白的臉屬於一個老女人所有。

「先生！對不起！嚇了你一跳！」老女人顫着聲音，低低地回了一聲，臉上佈滿歉意。

我認定對方不是什麼鬼怪，加上沒有惡意，心裏登時定了下來，說「沒關係」招應一聲後，我就想開步走。

老女人忽然伸出手，拉住我的手：「先生！我——」

我感到她的手比冰還冷，吃了一大驚，忙用力甩開了她的手。

我明白了，原來是一個老叫化，我從袋裏摸出十塊錢，塞進她手上：「拿去吧！」

老女人顛顛巍巍地接過，定定地望着我。我回望了她一眼，轉身舉步往前走。才走得不到五、六步，老女人搶了上來，攔住去路：「先生——」她微仰着頭，盯着我。

「你——」我吃了一驚，心想：現在的叫化子可真貪得無厭呀！十塊錢居然打發不了她！

「先生！我……我不能白拿你的錢，何況——」她撇了撇嘴：「我又沒把握什麼時候才能還給你，所以——」

我一怔，不明白她到底要幹什麼？

「先生！你是男人，我是女人，不介意的話，你要……要了我吧！」

在我面前的這個老女人，瘦得像一根竹蒿，胸口平坦一如柏油路，脱去衣服，是啥個樣兒？我真不敢想像。

跟這樣的女人上床？不不不……我我我……真的不敢想像呀！

我再想開步向前走，老女人死擋住去路不放。

老女人低低地懇求：「先生！上樓去吧！我就住在上面！」她指了指三呎開外那幢唐樓黑黝黝的樓梯，跟着，伸出手扯住了我的衣袖。

我輕輕甩開她的手：「不用了！當我送給你吃飯吧！」

「先生！你嫌棄我老？」她忽然問。

我搖搖頭：「不是！」

其實我是在撒謊，如果她是一個漂亮的女人，相信提出要求的是我而不會是她。

虛偽！虛偽！虛偽！（男人多虛偽！）

「唉！我以前可不是這樣的，你看！」老女人從袋口裏掏出一張照片，遞給我看。

照片上是一個玉立亭亭的女人，穿着湖水藍的旗袍，踏着同色高踭鞋子，風姿綽約，千嬌百媚，足教天下男郎心動。

「這是你？」我看了一眼，有點不相信自己的眼睛。

「你看看背後吧！」她提點我。

翻去後面一看——「一九六五年十月媚媚攝於北角金舫夜總會內」。

那是一張三年前的照片。（三年變化緣何這麼大？）

我動了極大的好奇心。

為什麼一個千嬌百媚的女人會變成現在這個憔悴落魄的樣子呢？

（還不到三年呀！）

為了這個緣故，我下了決心：「好！我上樓坐一會！」

女人收回照片，感激地笑了一下，率先上樓。

我默默地跟在她背後。

女人住在三樓，她彎下身軀，用鑰匙開門，這時，我才發覺女人原來有一個極其豐滿的臀部。這種臀部怕只有年輕的女人才會擁有。

門「呀」地一聲開了，裏面一片漆黑。女人率先走了進去。

我輕步跟在後頭，說：「開燈！」我有點不習慣黑暗。

女人「噓」了一聲，示意不要開燈：「住客睡着了！」

原來她並不是一個人住。

她躡腳走在前面，我跟着，經過一條長廊，走進廚房。

她的房間就在廚房後面，那是一個面積不逾六十呎的小房間，裏面只有一張床，一個布櫃和一張小桌。房間隱隱散溢着一股霉味。

「尾房，租金特別便宜！」她扭亮燈後，有點兒靦腆地解釋着：「你是第一個來這裏的客人！」粉白的臉頰上，不知怎的居然掠過一絲紅暈。

這時，借住朦朧的燈光，我依稀辨清了她的容貌。

（她沒撒謊！）她真的不太老，只是頭髮蓬鬆，容顏憔悴，這才讓人看來，宛如一個老太婆。我的視線這時逐漸清晰了，女人那挺直的巧鼻子，櫻桃小嘴，籠煙星眸……全呈現在我眼前了！哎喲！她可真不醜呀！（媚媚！你真的不難看呀！真的！）我打從心底裏嚷了起來！

這時候，女人用手掂着衣服上的鈕門，準備脫去衣服。

我鼓起勇氣，迸出了一句話：「不用了！」

29 往事如煙

女人一怔！定定地望着我。

「你跟我上來，難道不是為了那件事嗎？」她瞪大眼睛，這時我才發覺她的眼睛實在很美。

我點點頭。

「你嫌我老醜？」女人厲聲問。

「不！」我說：「你……你很美。」

「對！我很美！曾經美麗過。」女人苦笑一下：「我美麗過美麗！」

那是依達式的對白，看樣子，她是依達迷。

「我上來，只是想知道為什麼這三年對你有那樣大的變化，說真的，你一點都不難看，如果生活正常一點，再胖一點，你還是一個美人哪！」

「真的？」女人似乎有點兒不相信：「我真的不老，不醜？」

我大力地點點頭。

「你想知道我的過去？」

「對！」我又點了點頭。

「你是作家？」她這樣問。

我搖搖頭。（在那時候，我根本不曾想過我日後會成為爬格子動物。）

「那我講給你聽有啥屁用！」她萬分感喟地，跟着長長地嘆了口氣。

這時，窗外下起雨來。

雨聲淅瀝，女人的臉色更顯陰沉。

她問我要了根煙，燃了火，開始敘述了自己的故事。

（這個故事，到了五十多年後的今天，才由我親筆描述出來，對當事人而言，委實是等得太長久了。）

五十多年了，算來，她應該已年近七十了吧！

無論如何，我終於實現了我的諾言，把它寫了出來，只為，在她敘述故事之前，我說了這樣的一句話。

「說吧！有一天，我一定把它寫出來。」

「真的？」她眨了眨眼，有點懷疑地。

我伸手跟她冰冷的手握了一下，表示了我的堅定誠意。

好了！閒話休提，言歸正傳，還是說她的故事吧！

（為了行文方便，下文裏的「我」，是那個女人本人，而非筆者。）

我生長在一個不太富裕的家庭裏，十歲時，父母離了婚，弟弟跟爸爸，我跟媽媽。我跟媽媽，是我畢生最錯的配搭，也許，這正是上天的安排吧！

到了我十五歲時，我才知道，為什麼媽媽要跟爸爸離婚。

那是，媽媽在外面有了另一個男人。

那個男人，後來成為了我的繼父，是一個遊手好閒、不務正業的男人。

媽媽為了他，到外面去做小姐，那年她已三十六歲，臉上開始有皺紋，肌肉也鬆弛，這副樣貌，哪能跟年輕貌美的少女爭。加上，那男人嗜賭如命，家裏入不敷支，不知是誰的主意，媽媽要我幫她一把手。

30 賣身

媽媽對我説：「女兒！我養了你十五六年，現在，你該報答我了！」

我問如何報答，我還沒唸完中學哪！

那男人插口：「唸書有什麼用，還不如跟你媽媽到舞廳去吧！」

我當然不肯。

那男人就動手打我。媽媽非但沒阻止，還幫他一起打。

在他們雙重威迫底了，我放棄了學業，下了海。

我十五歲半，就在灣仔的「紅樓」做小姐。

（坐在我面前的那個可憐女人，為了母親，十五六歲就下海到「紅樓」伴舞。那個時代，客人不若今日之現實，當舞女，境況不一定堪憐。如果她能潔身自愛，好好生活，前途不一定黑暗。）

她喝了口茶。繼續説她的過去。

——我在「紅樓」，說紅不紅，說黑不黑。

本來，以我的條件——（她站了起來，在我眼前轉了個身，動人的曲線，依稀可辨）——是可以躋身第一流紅小姐行列的，可是，我這個人一不懂交際，更不諳侍客之道，所以失去了許許多多有實力的客人。做小姐，有三忌，一忌嗜賭，二忌吸毒，三忌貼小白臉。前兩者，我學不來，但第三樣，我不幸遇上了。那小白臉叫占美，是一個中葡混血兒，在澳門長大，十六歲來香港，加入了夜總會做結他手。我跟客人到夜總會，遇到他，被他那英俊外貌吸引了。

正如依達的小說一樣，我們展開了浪漫的愛情。

我深深地愛上了他！

我對占美的愛，換來的只是苦痛和淒楚。

占美太英俊了，追求他的女人，多如過江之鯽，我明知道危險，卻無力自拔。

有一天，占美對我說要走了，因為有一個千金小姐看上他，會出資為他組一個樂隊，由他擔任領隊。

這自然是一個好機會。

我捨不得占美，問要多少錢方能搞一個樂隊？

占美說要三、四萬。那時候，三四萬，可不是一個小數目啊！

我太愛占美了，於是這樣說：「如果我也能負擔起這個費用，你是否仍會留在我身邊？」

占美說：「這個我可以考慮！」

我手邊的積蓄，只有一萬五千，欠三萬左右，怎麼辦？

忽然之間，我想起了一個人。

這個人是我的客人，年過花甲，一向對我追求甚力。

一直以來，我對他，印象不佳，人老而好色，這種人最教我討厭，常借月事來臨，推拒他的非份之請。可如今我有難，也就管不得那麼多了，找他吧！

只有他能解決我的困難，當然，我也得付出代價，這個代價就是我的胴體。

31 香消玉殞

我打電話給老頭子，約他見面。

「有什麼事嗎？」薑真是老的辣，一見面，就問我的目的。

我說：「等錢用！」

「多少？」老頭子笑瞇瞇地問。

「三萬！」我眉毛不抬一下。

「這麼多！」老頭子的臉皮抽動了。

「我有用！」我說：「你方不方便？」

「我有什麼好處？」老頭子開門見山地。

「陪你一個星期。」我回答。

「好！」老頭子爽快得很：「我給你！」

「我要先收錢。」我提出要求。

「好！我開支票。」老頭子掏出支票簿，開了三萬塊的現金支票：「你兑現了，明天找我！」

就這樣，我籌措了四萬五千塊，悉數交給占美，目的就是要他留在我身邊。——

女人說到這裏，眼淚忍不住又流了下來。

我對她說：「你不必再說下去，故事的發展一定是占美拿了你的錢，離開了你，我想知道的是為什麼這三年間，你會衰老得那樣快？」

女人苦笑一下，說：「好吧！」

——自從占美離開我之後，我覺得天地間的一切，都失去了意義，於是就放棄了自己，我學會了賭錢。

我的手氣不靈光，盡罄所有，於是就靠借債為生，很快就欠下了貴利債。

為了還債，我開始接客，為的是盡快還清債務。

這樣又要上班，又要接客，又要賭錢，精神逐漸支持不來，這時，有一個男人誘我吸白粉來支撐。我吸了幾趟，覺得很有效，於是就上了癮。

女人說完後，說：「你給我那些錢，剛夠我吸半天的白粉，如果你還同情我，我希望你能再給我二十元，我什麼都肯做！」

我摸出二十塊，塞進她手裏，負氣地說：「不用陪我，讓白粉陪你吧！」

我打開房門，用最快的速度，奔下樓，耳邊還聽得女人在嚷：「有空找我！」

半年後的某一夜，我又經過了那條馬路，那時我已離開了「金獅」，變成一個無業遊民。

我一步一步的走，還差兩公呎就走到那熟悉的樓梯間。

定眼看，那裏沒有人，我有一種茫然若失的感覺。

來的時候，希望遇不上她，此刻，可又渴望她能現身在我的眼前。終於走過那樓梯間，伊人影蹤渺！

佇立了三分鐘，仍然沒見着她，我走到路邊，抬頭看樓上，三樓那裏沒有燈火。

不知道她已離開了那裏，還是不曾歸家？然而，自此之後，我就不曾再見過這個可憐的女人。到了七零年，有一趟，在洛克道的酒吧喝酒，無意中遇到了一個江湖人物漢叔，問起這個女人。

他「呀」了一聲，望住我說：「阿媚嗎！她死了，死了有一年了。」他吁了口氣。我問是怎樣死的？漢叔說：「她的毒癮已到了頂點，沒得吃，自殺死了！」

「呀！可憐的女人！」

五十多年了，直到今天，我偶一寂寥，腦海中都會想起這個可憐的女人，我跟她不過是一面之緣，印象如此之深，連我自己也難明所以。喚回六十年舊夢，燈暗無人說斷腸。

32 杜老誌群芳譜

六十年代，我除了跟堂兄去逛「新加美」，偶然也會到「杜老誌」與「富士」泡，至於跟「杜老誌」齊名的九龍「東方」，由於那年代，還沒有隧道可直通，一年中，難得有機會去光顧。

那年代的「杜老誌」，在我的心目中是一座高不可攀的宮殿，每當走過它的門前，我都有一種莫名的自卑感。

當年的「杜老誌」，氣派比八十年代名震歡場的「大富豪」、「中國城」不知還要高出多少倍，上門的客人，非富即貴，白領階級，哪有資格上去串門子。

「杜老誌」，不講你口袋裏，有沒有錢，而是閣下的身份，配不配！

「杜老誌」之所以成為第一流的舞廳，跟它的裝修豪華與否，全然無關。可以説，「杜老誌」的裝修，並不太豪華，除了那個舞池裝有彈簧，比較別緻一點外，其它陳設，極為普通。

我第一次去「杜老誌」，心裏雖然砰砰跳，卻已沒有像第一次去「新加美」那麼緊張，這當然是跟有了歡場經驗有關。當我在長方形的枱子上坐下來之後，經過了十分

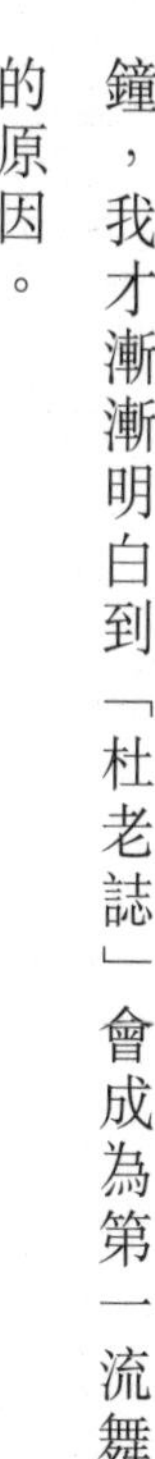

「杜老誌」紅星江濤（左），人似花嬌，檀郎纏不休。（資料圖片）

鐘，我才漸漸明白到「杜老誌」會成為第一流舞廳的原因。

原因之一，就是小姐的質素。

不能說所有「杜老誌」的小姐都漂亮，然而她們幾乎每個人都擁有本身的特色，用一句最普通的話來表達，就是有她個人的氣質，或表現在舉止上，或反映在言語中，令客人無法不貼服。有一個上海小姐叫丁芝，她有一對會說話的眼睛，瞟你一眼，你立馬色授魂予，無法自己。

原因之二，是客人的品格高尚。

上「杜老誌」捧場的客人，十居其九都是非富則貴，因為有了身分，所以都不會是急色鬼，這就讓「杜老誌」由始至終都瀰漫着一種高尚的氣氛，變成了樂而不淫的銷金窩。

這兩種特質，正是「富士」和「新加美」所沒有的，那年代，大抵只有「東方」可與之頡頏。

「杜老誌」有兩個極其出色的美人，一曰「泰萊」，二曰「小樂蒂」。

先說泰萊，這個藝名改得真好，否極則泰萊，「萊」字雖有草花頭，音同則意一。

泰萊的外型酷似楊貴妃，豐腴溫潤，可小腿並不粗胖，此點最為難得。因為大多數女人，人一胖，腿就自然長粗，若如泰萊般，人肥而腿不粗，可謂鳳毛麟角，人間罕見。有了這種優點，一流紅小姐的地位，捨伊誰屬！

泰萊住在渣甸山，上班下班有平治跑車代步。平治汽車，如今，小兒科矣！可在六十年代，有一輛平治，的確可顯示非凡身價。

泰萊的平治跑車，自然是豪客所送，由此足可反映出那時客人手段闊綽，非同凡響。

其實，客人送車，沒啥稀奇，有不少豪客，為求一親香澤，還送金屋呢！已故地產商陳德泰，生前是「杜老誌」豪客，手段豪爽，素以贈樓佳人馳名舞林。

33 蘇絲黃的世界

這是許多年前的事了，回想起來，幌如日昨。

當然，如果不是前天在茶餐廳裏碰見她，回憶怎也勾不起來。是五十五年前的事了！遠又似近。

她握著我的手，寸寸回憶終於串成一條珠兒，讓我倆同時墮進了記憶之網……

酒吧裏的樂隊成員都管她叫「老姐姐」。

她聽了，笑說：我不老，是你們太年輕！

那時她四十左右，可臉容滄桑得真教人怕，眼角爬滿魚尾褶，下巴也顯得有點兒浮腫，多了贅肉，笑起來，不住抖動。

這個「老姐姐」好慷慨哪！常常請樂隊成員吃東西，牛肉乾、花生米、巧克力，大包小包盡往我們手裏塞。

不為別的，只望她的情人們阿JOHN、阿JACK來捧場時，多奏一點兒慢音樂，讓她好跟情人們跳跳貼臉舞，溫馨溫馨。

可這些美國水兵情人，都是魯男子，來找老姐姐，其實並非貪圖貼臉舞，他們大多一

蘇絲黃的世界。（資料圖片）

把將她匆匆拉出酒吧門口，衝上隔壁舊樓的長樓梯，慰藉戰後餘生的飢渴。

五分鐘後，老姐姐手上揑住一張十元美鈔，興沖沖的回到酒吧，對住我們大聲喊：小阿弟！打烊後，老阿姐請吃消夜！

我們立即機靈地奏出「蘇絲黃世界」的主題曲「第二春」，那是老姐姐最喜歡聽的歌曲，她說過跟董佩佩是姊妹淘。

她一直活在「蘇絲黃的世界」裏，可惜威廉荷頓卻從未出現過。

也許跟我是上海同鄉吧！老姐姐對我特別好。

她告訴我年輕時在「金鳳池」做小姐，遇到一個上海「拆白黨」，姘居好幾年，染上毒癮，給騙光積蓄，山窮水盡，只好再度下海。

人老珠黃，大舞廳到中舞廳，最後小舞廳

都不要她，只好棲身酒吧，由舞國紅星搖身一變，成為了山梁之雉——「鹹水妹」。

夜裏消夜，我常勸她趁有生意，多積一些錢，早點兒離開酒吧。

她說：我曉得，可今生毒是戒不掉了，一天至少吸三四十塊，不幹這個能幹啥？你說呢？

我沒得好說，只好陪乾笑。

後來我離開了酒吧，離開了樂隊，這一別，再也沒見過老姐姐。

聽隊友說老姐姐最後連酒吧也躭不下去了，只好在洛克道一帶做流鶯，專接黑鬼，收費是可恥的三元美金。

重相逢，相逢如日昨！

老姐姐今年七十五，不靠綜援，在茶餐廳當臨時清潔。

她咧嘴笑：小阿弟！做人要自食其力啊！

臨別，她緊攥着我手，顫聲說：小阿弟！答應我一樁事體！

問是什麼？她咬咬唇：讓我付鈔——

不待她說完，我的眼淚已奪眶而出。

34 日式始祖

我的舊照片簿裏，有一張發黃照片。

照片上大約有十二個人，其中兩個穿和服的小姐，站在人羣的中央，她們的面前，是一條長長的彩帶，很明顯，她們正在剪綵。

在那兩位和服小姐的旁邊再旁邊，站着一個穿白色西裝的少年，右手拿着小雪茄，鼻梁上架着一副太陽眼鏡，用滬語說，頗有點兒「流氣」。（「流氣」者，即粵人所謂「阿飛」。）

那個少年，就是七十年代末期的我。

這張照片，據照片背後所載拍攝的日期，乃是七八年十月，地點是尖沙咀的北京道。再看清楚，照片左下角還有一行蠅頭小字——「贈西城仁兄．銀座夜總會開幕紀念」。照片是何人所贈，今已不復記憶，不過，對「銀座」夜總會，卻頗有依戀。

七五年後，和風漸至，不少香港人對日本事物，興趣十分濃厚。

日本料理有如雨後春筍般的湧現，最著名的「大和」料理就是我朋友梶田所開，他是香港日本料理的鼻祖。

彼時，我剛自日本遊學歸來，在一個偶然的機會下，碰到了兩個新朋友阿文和阿祥兩君。

閒談間，阿文說：「在香港，夜遊地方不算少，可讓人愜意的場所卻不多。」

阿祥插嘴：「對呀！像有樂町的密加度那樣高級好玩的場所，在香港好像從來都不曾見過。」

密加度，我自然知道，那是全日本最昂貴的夜總會，是達官貴人尋樂的地方，一夜消費，動輒港幣一萬大元。我在日本多年，從未曾有機會進過去瀏覽。

我問阿文有什麼好打算？

阿文說：「我真想在香港開一家類似密加度的夜總會，用日本式服務，相信可以一新耳目。」

阿祥極力附和，並問我的意思。

我是一個愛玩又好鬧的人，只要不用我出資，自然舉手贊成。

三個人天南地北地又拉扯了一陣，也就別去。

三個月後，我接到一張白底鑲金線的請帖，邀我出席尖沙咀「銀座」夜總會的開幕典禮。

這「銀座」夜總會依我看，就是香港日式夜總會的始祖。

那個風中帶雨的黃昏，我穿上了白色西服，興沖沖地跑去參加「銀座」開幕典禮。

「銀座」的老闆就是阿文與阿祥的一位世叔伯。

他們一見到我，十分高興。

阿文搶先説「阿沈！你看，我們坐言起行，把『銀座』搞出來了！」

我打量了店內一眼，格局自不能與日本的「密加度」相比，可東洋氣味，並無異致，令人有一種新奇的感覺。我彷彿又回到了東京的銀座和六本木。

「麻雀雖小，五臟俱全」這八個字，是當日我對「銀座」的評語，到現在還是合適不過。

日式夜總會，裝潢瑰麗。（資料圖片）

35 舞廳沒落

阿祥拉住我說「阿沈！你懂日文，來幫我們吧！我讓你做場面經理好不好？」

那時，我還不懂什麼叫做場面經理，立時搖了搖頭。

阿文解釋說「場面經理，其實就是變相爸爸生，專門跟媽媽生拉客，間中還陪顧客喝喝酒，溝通一下！」

唷！要我扯皮條？那怎行！

如今想來，如果當時我答應了下來，相信我已永遠沉淪在夜生活的圈子裏，不能自拔，當然也就不會握管寫稿，當了不成器的作家了。

「銀座」可說是香港日式夜總會的始

1992年2月15日，作者（左一）參加香港作家協會活動合影。（作者提供）

祖，在它之後，陸續湧現了「公主」、「男爵」、「麗美華」、「密加度」等等同類型夜總會。

「銀座」、「密加度」等日式夜總會，顧客對象大多數是在港的日僑和來港的日本遊客，本地顧客並不多。

原因有二：其一是當時本地冶遊客還未能適應日式夜總會的侍應制度，女侍跪下奉毛巾，令顧客有一種虐待女性的感覺。

香港女權高漲，如何使得！

其二則是一般日式伴舞小姐，質素不高。

香港初期的日式夜總會小姐，泰半是從尖沙咀和灣仔酒吧轉過來的。

這些酒吧女郎，比較年輕的，都已過二十五歲，由於慣於接待外國遊客，舉止比較開放，這令當時躭於「追求」舞小姐的本港歡場客有一種「格格不合」的感覺。

據前輩朱子家先生的敘述，香港這種特殊的歡場男女關係，完全脱胎自舊日上海的風氣。上海公子舞客，情慾取捨，情多於慾，講求靈慾一致。

無靈則無慾，日式夜總會那種偏慾多於重情的侍客方式，自然得不到本地冶遊客的歡迎。因此，初期日式夜總會的生意並不好，「銀座」最終支撐不住，關門大吉。

八十年代，隨着工商業的飛躍發展，香港社會的風貌，有了極大的轉變。

於是，日式夜總會的那種「以男為尊」、「特快服務」的營業方法，逐漸獲得了歡場客的認同。

工商業發展，生活節奏隨之加快，人們空閒的時間不多，做任何事，都如「方便麵」，力求速戰速決，絕不拖延。

冶遊客到歡場去泡，再不願意把時間花費在追求上，轉而講求實際，這種轉變，正符合日式夜總會的營業之道。

小姐願賣，客人願買，於是一拍即合，水到渠成。

日式夜總會，漸漸在冶遊客中，取得信任和寵愛，取代了正宗舞廳的地位。不少舞廳的客人，轉而光顧日式夜總會。

香港生意人，有的是腦袋，於是，規模更大，場面更壯觀的豪華日式夜總會，相繼出現。

36 國際俱樂部

香港出現第一家具規模的日式夜總會，據我記憶，應是「銀馬車」，時維七十年代末、八十年代初。

「銀馬車」在洛克道口，毗鄰舊「紐約」戲院（即今「富臨」隔鄰）。

「銀馬車」，我並未去過。

老實講，那時我很窮，在電視台治事，收入微薄，又頗受排擠，經濟不穩靠，想去逛，沒門！

可是，對那些地方，我卻充滿了憧憬，常思去瀏覽一下。

結果我還是償了心願，跟隨一個前輩去了「銀馬車」的後身——「新世界」，玩了一回。

「新世界」面積比「銀座」大得多，我第一趟去，頗像劉姥姥入大觀園，有點兒不知所措。「新世界」的女侍應，都穿上了同色制服（開叉旗袍），遞毛巾、奉茶、倒酒，都是採用單跪式的姿勢，即以左膝着地，十分恭敬。

至於制度方面，早已取消了男大班制，統由媽媽生負責。

所謂媽媽生，是日本語，即舞廳的女大班。媽媽生穿各式晚禮服，開高叉，走路之間，藕腿乍現，雪白誘人，乍看比小姐更誘惑。日式夜總會，哪家最早？除非有人收集了當年的報章或雜誌，否則很難有一個統一的答案。

我一直以為是「銀座」，可亡友公關孫對我說「你錯了，應該是『國際俱樂部』。」一言驚醒夢中人，八十年代初，在電視台工作時，工餘有暇，常偕同事往捧場。「國際」開在彌敦道上，面對「金冠」酒樓，地方不大，卻有兩樣特色，為別家所無。第一，它擁有不同國籍的佳麗，美英法日韓等皆有，供客人自由挑選。第二，是叫價極公道，不會胡亂開賬，須知，有些日式夜總會，喜歡取巧，濫取費用。日式夜總會小姐上枱，不同於舞廳，非以票計，而是以一節計鐘。所謂一節者，即十五分鐘，一小時分四節。小姐上枱，不論客人喜歡與否，起碼坐滿一節鐘，方能轉枱。

「國際俱樂部」的老闆，是名女人廖安珀，她是名騎師郭子猷的太太，跟郭仳離後，與友人合資開設了這家日式夜總會。

「國際」以後，北京道上，一連多了幾家夜總會，「紅磨坊」、「男爵」、「太子」等等，大都承襲「國際」的制度，為冶遊客提供了高級的服務。

各式夜總會「為冶遊客提供了高級的服務」。（資料圖片）

正因為標榜高級，日式夜總會對小姐的要求，也越來越嚴謹。

小姐的樣貌，即使不是美如天仙，至少也得端正秀麗。其次是高度方面，也比舞廳考究得多，要求在五呎三吋或以上。日式夜總會的小姐，因而往往高頭大馬，有些甚至高達五呎六、七吋，在八十年代初期，是一個比較罕見的現象。

另外，在語言方面，也有要求，起碼要講得幾句應酬的英語和日語，因為日式夜總會的顧客中，外國人佔了百分之四十，不懂英、日語，難以溝通。

37 歡場藝術

日式夜總會的興起，令香港的夜生活起了極大的變化，在意識形態而言，夜生活漸由「形而上」而轉變為「形而下」，套句俗語，就是由「追求」，變為「實際」。

以前的冶遊客，上舞廳跳舞，泰半數純為遣興。喝一杯普洱，嗑幾顆瓜子，跳一兩節舞，過一個溫馨的晚上，偶然踫到合眼緣的小姐，則會開展追求攻勢。

這樣，經過晚飯、看戲、跳舞的程序，才登子反之床。整個事件，有起承轉合的過程，老一輩的冶遊客視之為一種「歡場藝術」。這種「歡場藝術」本源自舊日上海，被視之為派頭，有人違反之，則被目為「瘟三」，要遭人鄙視和白眼。

可一旦有了日式夜總會，這套「歡場藝術」，漸不管用。

第一，日式夜總會的小姐（下或稱日姐）多為本港土生，講求現實，對起承轉合這套歡場觀念，既不懂得，復亦不可接受。

其次則是八十年代的香港社會，由於商場上的種種經濟競爭，生活節奏加快，人們再

無閒暇來作六七十年代式的追求

在男女雙方都有需求的情況底了，客人與小姐間的距離，漸漸縮短，由兩三個月的追求，變成見面一兩趟（甚或一趟），就即可攜手共赴巫山，令人覺得，歡場亦即便是社會的縮影，反映出香港人在八十年代的急功近利，連歡場的關係，也變作一種純商業買賣。

日式夜總會的出現，對傳統舞業，構成了極大的威脅。

手邊有一篇前輩描寫的文章，報導了競爭的情況：

「日式夜總會開辦以來，着實嚴重地影響了舞廳業的營業額。據港九舞業協會其中一位成員表示，自從有了日式夜總會，舞廳業的生意額，跟往昔相比，平均跌了兩成，舞業人士莫不咸以為苦。」

兩成的生意額，當然不少，但是如果能保持這個水平，舊式舞業，則尚有可為。

可惜的是，跌情猶不止此，插水式地三成、四成、五成的一直往下跌，令不少舊式舞廳，不得不面臨倒閉的苦況。

舞廳同業，曾經多番開會，研討對策來救亡，可是，沒有人能提供出適當的解決方法。

日式夜總會的來勢有如下山猛虎，實在太凌厲了，令人無法抵擋。

最後，舊舞廳的未來命運，只有兩途。

一是關門大吉。

二則是變陣出擊，索性有樣學樣，向日式夜總會看齊，實行「以夷制夷」，拚個死活。

有不少舞業人士傾向第二條方案，認為憑積累經驗，大可跟新興行業相頡頏，於是採取「銀彈」政策，攫取高資小姐，然後羊毛出在羊身上，酌量加價，把成本轉嫁客人身上。

然而，第二途亦非善策，為什麼呢？

這就非要說一說八十年代歡場的實在形勢了！

八十年代，香港歡場掀起了鋪天蓋浪的變化。舊式舞廳限於本身條件，要與日式夜總會較量，殊不容易。

舊日妓院門口，妓女倚門与客調笑。（資料圖片）

38 舞廳消失

首先，舞廳的面積，充其量是五六千呎，比諸那些新開的日式夜總會，動輒逾萬呎，在空間上已然吃虧不少。

到日式夜總會的冶遊客，大多想觀賞豪華奪目的裝飾，享受一下小姐的日式服務。逾萬呎的空間，望過去，心理上先有一種堂皇華麗感覺。

舞廳則不同，侷侷促促，舞池跟座位的距離，相隔不足一呎，哪會令人有開放的感受！

其次則是人望高處，水望低流，日式夜總會拆賬不住提高，入息較高薪攫取小姐的舞廳還豐，自然易令舞小姐有跳槽之念。

還有，就是虛榮心作祟。

八十年代初，小姐跳槽日式夜總會，往往被視為「升級」，高舞小姐一等。

試問有哪一個女人不願升級的呢！

於是，儘管舞業負責人拚命掙扎求存，舞廳卻一步步地走向衰落之坂。

到了八十年代中期，港九大舞廳能勉強維持下去的，已不多，算算，僅有「富士」、

「新加美」、「東方」和「杜老誌」。

至於中小舞廳，歇業的更是難以計算。

日式夜總會的銳勢，真是不可抵擋，幾乎所有舊有勢力，都給它連根拔起，砸掉。

香港字號最老的「杜老誌」，終於宣佈結束營業，轉讓他人，作為「樂富」酒樓。「杜老誌」影沉聲寂，正好反映了「舞廳時代」的終結。

舊的不去，新的不來，香港夜生活正式轉入新里程，直至夜生活衰落，日式夜總會仍然是夜遊的主流。

上個世紀五十年代中華舞廳小姐在候客。（資料圖片）

然而，「杜老誌」這個名字實在太吸引了，一個集團姓鄧的董事長，對這家傳統舞廳，念念不忘，決心把旗下的一家日式夜總會易名為「新杜老誌」。

「新杜老誌」日式夜總會的前身是「新世界」，而「新世界」的前身，則是「銀馬車」。

前文曾經說過，香港像樣、有規模的日式夜總會，「銀馬車」是第一家。這家「銀馬車」的幕後老闆，就是「新加美」那班舞業前輩，他們早已看清形勢，率先開創日式夜總會。

「銀馬車」生意大好，地方不敷應用，於是就搬去「杜老誌」（位於灣仔杜老誌道）對面的那座大廈，易名「新世界」。

「新世界」後來搬去九龍尖沙咀，原址賣與「中國城」集團，變成了「新杜老誌」。靠了「杜老誌」這塊牌頭，「新杜老誌」生意大好，很快成為香港區首屈一指的日式夜總會。

39 新杜老誌

那天晚上，天上灑着小雨，淅瀝雨聲，令人心情很不舒坦。

吃過飯，喝了點酒，獨個兒往外蹓躂。

蹓呀蹓！蹓到杜老誌道，看到那烏燈黑火「杜老誌會」的牌門板，不禁想起它的前身「新杜老誌」：鏡檻迷花，香檳瀉酒，魂銷艷舞，那種璀璨，那種喧鬧，今已雲散煙消，不現人間。

風姿綽約，新杜老誌紅媽媽生阿 Li。（作者提供）

許多許多年前，我曾在這兒消磨了不少時光，有快樂的，辛酸的，甜美的，苦痛的……呀！真是往事不堪回首話當年！

多年前「新杜老誌」忽然結業，引起了傳媒的注意，有幾家報刊雜誌的記者跑來訪問我，要我談談感想。

我說「不想多說了，『新杜老誌』的結業，正代表了香港歡場歷史的一個終結，我想日後的港島區歡場，再也難出現一家像它那樣高級又好玩的日式夜總會了。」當日是一時感慨之言，不意竟成事實。目前港島區真的已沒有像樣的日式夜總會了。

說「新杜老誌」過去是港島區最好玩的日式夜總會，並非過譽，而是我的肺腑之言。八十年代全盛時期，港島區的日式夜總會，共有八家，即「今日世界」、「中國皇宮」、「第一」，「名人」、「新杜老誌」、「青城」、「黑天鵝」和「翡翠城」。這八家夜總會，論裝飾、氣派、小姐質素，「新杜老誌」都是穩佔首席。到過這家夜總會的朋友，相信大都會同意我的觀點吧！

「新杜老誌」的小姐，大可分為三種。

第一種是本地小姐，佔百分之七十。

其次是神州佳麗，約佔百分之廿五；其餘五個巴仙，包括了台灣、星加坡小姐與混血兒。

本地小姐泰半出自寫字樓，也有剛離學校的學生，論質素，以我個人的看法，遠超九龍那兩家同級夜總會。她們年齡輕，身材好，客人暈淘淘。

曾經問過相熟的媽媽生，緣何收錄得這群高質美人？

她回說：「你知道，我們是千挑萬選過的，不對眼的小姐，會嚇怕客，我們不會收！」嚴例出名雌，歡場不易之理。

至於神州佳麗，一般而言，質素更勝港地，尤其是那些上海小姐，個個都像利智、張敏、楊恭如，人見人愛，沒人不愛。

可惜的是上海小姐大多貪慕虛榮，有美麗的外貌而無可愛的靈魂，不獨貪得無厭，抑且刁嬌扭擰，壓榨客人，無所不用其極，因而每令客人望而卻步。

有一個叫蓉蓉的上海小姐，教上海公子看中了，十萬包銀，她仍意猶未足，買衣服首飾，任意刷公子咭。

公子寵她，沒相干。蓉蓉頓時膽壯，跑去澳門搏殺。輕則輸三四萬，大則五六十萬，公子心痛勸伊。蓉蓉置若罔聞，豪賭依然。

公子惟有「斬纜」，不料上海娘子竟然跑上公子公司大吵大鬧，驚動官府，上了頭條，上海小姐從此成了「歡場毒藥」、「客人剋星」，乏人問津。

40 紅媽媽生之死

阿W死了！真的死了！

聽到這個噩耗，簡直不能相信自己的耳朵。

「什麼時候死的？」我問坐在我面前的那個呷着馬天尼的女人——翠絲。

「十多年前吧！正確的日子，我也不清楚，我也是聽別的姊妹說的。」翠絲幽幽地回答。

我的思緒很快就回到二十多年前的光景。

那時候，港島灣畔有七大日式夜總會，阿W工作的是「新杜老誌」夜總會，規模氣派皆位列七家之首。

那時候，港島灣畔有七大日式夜總會。（資料圖片）

每夜華燈初上，夜總會門口都排滿各式各樣的名貴汽車，其中一輛就是阿W的座駕——平治跑車。

阿W面貌姣好，身形高挑，有一米六七左右，踏上三吋高踭鞋子，要比許多男人還要高。她有一身女人難得一睹的古銅膚色，我曾不止一次地問她是怎樣得來的？是天生的，還是後天的？

她總是笑瞇瞇地回答：你猜！猜中無獎！

唉！真給她氣壞！

由於皮膚黑，背地裏人人叫她「黑牡丹」，她聽到了，必然說：好呀！你要採我這朵黑牡丹嗎？

美麗的花朵人人採！可從來沒有一個人能成功成為採花郎。

吃不到的葡萄是酸的，有人造謠說阿W是同性戀者，阿W知道了，直認不諱：是呀！那又怎樣？

我讚賞她大膽。她扮個鬼臉：我認了，臭男人就不會黏着我！

男人有什麼不好！我不服氣地抗辯。

阿W瞪眼：你是好男人嗎？你問心呀！我為之語塞。

阿W很喜歡錢，也十分珍惜錢，用每個錢，都很有分寸。

她把大部分的錢投資在地產和股票上，累積了可觀的財富，成為了夜遊界裏罕有的富婆。

有一夜共酒，她說再幹幾年，就會在馬爾代夫買一幢洋房，過過逍遙快樂的退休日子。

我祝願她美夢成真！

阿W舉舉杯，謝了我！

如今，阿W大概只能在天堂裏過過逍遙快樂的日子了，是誰害她跨進天國之門的呢？

「是一個薄倖郎，騙財騙色！」翠絲悻然地說。

歡場司空見慣的情節，居然發生在素來不相信男人阿W的身上，哪豈非天意？

一向對男人一毛不拔，不假詞色的阿W，終於栽在男人的手上，那真是天大的諷刺呀！

今夜在「佳寧娜」吃飯。飯後，走過「新杜老誌」夜總會，駐足凝思，阿W的一顰一笑，彷彿就在我眼前！

41 冰美人

三十多年前，我在灣畔「心心」聯誼會遇到過一個艷舞舞孃。

這位舞孃給我印象之深刻，迄今猶未能忘。

那個秋天晚上，天氣有點兒轉涼，我不知從哪裏弄來一筆消費，獨個兒跑上「心心」捧場。

剛坐定，甫要了瓶三號「拔蘭地」，燈光忽地轉暗，跟住鼓聲雷鳴，原來艷舞表演時間到了。

表演的是一位飛揚妖冶的本地舞孃，她的名字叫做「施施」。

她，腿長腰纖，臉容三分嬌麗，七分邪氣，舞姿之放蕩大胆，尤勝日本淺草觀音廟的脱衣舞孃。

舞至酣時，櫻唇洩出如泣似訴的怨聲，乍聽就如魚水之歡時的呻吟。

作者（中）年輕時風流倜儻，流連歡場。（作者提供）

所有在場的男士都看得獃住了，深深地為她着迷。

我也不例外，在台下看得口乾唇焦，心猿意馬，忍不住，請小俞經理過來，要他介紹施施舞罷下來坐一回，細訴衷曲，滿以為小俞會一口答允。

豈料小俞一聽，立時眉頭打結，訥訥地說：「老闆！你要我做的事，我可不敢不答應，不過——」

「不過什麼？」我見小俞結結巴巴的，有點不高興。

「她……她……她不大會應酬——」小俞壓低嗓音，一片為難：「怕會得罪你！」

「不會應酬？」我怔了怔。

小俞趨近我耳邊說：「老實對你說，這個女人可是個性冷感！」

「性冷感？」我不禁叫了起來，這樣妖嬈的女人會是性冷感？誰相信！騙誰？

小俞經不起我的催促和可觀的小費，只好照辦；臨行，低聲說：「我姑且試試，你失望，不要怪我！」

過了一會，施施表演完畢，在我身邊經過，身上飄過來的香水氣味，簡直令我色授魂予。

這樣的一個千嬌百媚女人，怎會是性冷感？鬼才會相信！

又過了一會，小俞帶着施施來了。

她已換上了一襲湖水藍的半截裙，兩條修長小腿晃在我眼前，這時，她臉上的化妝，已經被抹掉一半，露出了青白色的肌膚，一看就知道是欠缺充分的睡眠。

我問她要喝什麼？

她只淡淡地回了一句「隨便！」

我替她要了橙汁，然後打開了話匣子。

之後，便是簡單的一問一答。

在歡場上，很少出現一問一答的情形，我已算得上是一流的好口才了，面對着她，也是一籌莫展。

我的口才，正如粵諺所謂「樹上了哥亦氹得落嚟」，但面對一座冰山——施施，居然束手無策。

我狠狠地呷了一口，把酒杯放下，又點了根小雪茄，望住她。

她也回望我，四目交投，毫無交流。小俞沒騙我，施施真的比冰還冷。

好一個外熱內冷的奇女子！這就撩起了我對她的興趣，我想瞭解她！

42 今夜又重逢？

三十多年前跟施施的夢，又回來了！我願與諸君共溫……

面對冷美人，我被逼默然了。

過了半晌，施施忽然說：「你是不是覺得我這個人好沒趣，好乏味？」

我搖搖頭「我只覺得你有點兒古怪！」

「怪在哪裏？」施施不解地問。

「怪在你似乎恨透了全世界的男人！」我率直地說。

「是的！我的確有點兒這樣的心態。」施施直認不諱：「所以在『心心』，沒有人敢叫我坐枱子，我是出名的冷冰冰，哪個男人喜歡冷冰冰的小姐？他們看中的是我的色相。」

我說：「施施小姐！你錯了！」我放下小雪茄：「施施！並不是每個男人像你這樣想的，至少我是例外，我是欣賞你的舞姿，所以我叫小俞經理請你過來！」

「是嗎？」施施有點兒不相信。

「你不信，隨你便，但那是我的肺腑之言。」我說：「我只想知道為什麼台上台下的你，態度相差如此遠呢？」

施施忽然噗哧一笑：「你這個人真多事！」

「對！我就是多事，這是我生存的本能。」我接住說。

「什麼？本能？哈哈哈！」聽得我這樣說，施施彷彿對我產生了興趣。

人總是好奇的，我讓她對我有了好奇，話匣子才能持續下去。

酒盡一瓶，最後，施施嘆了口氣，終於把她的內心世界向我細訴。

她有一段並不愉快的經歷——是因為那可怕的後父而讓她離開了家庭。

她的後父喪心病狂，强姦了她，那年她只有二十歲。

之後，她對男人有了一種莫名的憎恨，為了報復，她選了跳艷舞這一行。

在台上做出種種野性挑逗動作，讓男人看得着迷；然後，在台下就用冷淡的態度來對待他們，讓他們徹底失望。

「每看到男人沮喪的神情，我便興奮！」施施的臉上掠過一絲喜悅。

我知道施施已開始有了一種變態的報復心理，要糾正，並不容易。

我也知道勸不過來。

不過，最後還是忠告了她一句：「千萬不要玩火，在這種場所，什麼樣兒的人都會有，萬一按耐不住，吃虧的還是你自己。」

施施不以為然地說：「我才不在乎哩！」隔了兩天，我又上去「心心」聯誼會，小俞說施施走了。

去了哪？沒人告訴我！

我後來把跟施施相遇的事蹟，寫成一個短篇小說，刋在一本週刋裏。

不見施施有三十多年了，相信今日的她已不會再在跳艷舞了吧！

今夜，在銅鑼灣閒逛，忽見前面走來一姝，體態極撩人，尤其是雙腿的線條，修長清晰，的是人間一絕。

乍看像施施，走近看，又不大像，人有相似啊！真想不到施施在我的腦海中，印象是那樣的深刻！

香港早期雜誌《藍皮書》封面。(資料圖片)

43 小姐心態變

六十年代的歡場跟九十年代的歡場，大不相同，就是，小姐的心態變了。（回想錄暫以六十年代到九十年代為限）

上世紀末，跟愛冶遊的朋友研究變化之所在，得出來的答案，共有幾點：

（一）現實過甚。六十年代的小姐講求小姐與客人之間的感情，不輕易上床。現在，只要閣下肯花錢，隨時水到渠成。朋友照顧一個中國城小姐，三年以來，共花了四五百萬。以前，縱使是天皇巨星，也不須花費超過三十萬。

（二）崇尚自由。以前的小姐，比較喜歡養小白臉黐身，如今有此惡習的小姐並不太多，小姐們寧願拍散拖，也不會把錢給小白臉用。

（三）厭惡洋琴手，這是今昔最大的不同。

六十年代，歡場最搶手的男人是菲律賓洋琴手，他們雖然是貌不驚人，卻有大批嬌娃爭相獻身。據聞是功夫了得，是耶非耶，眾說紛紜。

到了上世紀末，我就從來沒聽到過小姐喜歡上菲律賓洋琴手。（其實到了九十年代在香港覓食的菲籍洋琴手已是買少見少了。）

歡場小姐的心態，有時很難捉摸。以前老夫少妻，受盡恥笑。

時移勢易，如今歡場小姐，對男性年齡，絕不介懷，只要對上眼緣，即使閣下已在知命之年，一樣有女人投懷送抱。

如若不信，舉個實例。

友人徐君，年逾五十，到歡場消遣，仍有不少嬰宛輩爭相向他獻殷勤。

徐君非為豪富，年齡知命，何會如此？

我百思莫得其解，硬着頭皮向小姐們探問。

所得到的答案是：「徐先生頂有男人味，我們欣賞他呀！」

什麼叫男人味？小姐們都無法說得出個所以然來。

其中有個比較精靈的小姐，反問我：「你

上個世紀四、五十年代香港石塘咀風月。（資料圖片）

們男人口中，常常都說女人味，請問女人味又是什麼一回事？」

我成竹在胸地回答：「女人味嘛！主觀得很，不過我可以舉幾個實例，遠者是臺灣的李湘、白嘉莉、藍毓莉，香港的吳嘉麗、鍾楚紅，近者則數蕭薔、林志玲都稱得上夠女人味。」

那小姐一聽，忙回答：「哈哈！那麼我知道什麼叫男人味了，遠者方中信、謝賢，近者金城武、周潤發不就是了嗎？」

舉一反三，我明白了小姐眼中的男人味是怎麼一回事了。

最近跟損友共樽前，他們喜歡流連歡場，因而要我寫寫舞小姐生活和類型，用意明顯，就是想收「知己知彼，百戰百勝」之效。

對小姐們的生活程序，我自問還有一丁點兒的了解，那是因為過去四十年以來，我都跟她們幾乎是同一個鼻子出氣，甚而有一段時間，跟她們緊密地相處在一起。

如今回想起來，似已是「明日黃花」，不過，若能借此篇幅，留下一點雪泥鴻爪，也未嘗不是好事。

先說小姐們的私生活，這要分開兩面來講。

第一面是八十年代前，第二面則是八十年代後。

44 三種小姐

八十年代是一個分水嶺，體現出小姐們不同的生活程序。

先說八十年代之前的吧！大概是以七十年代初到八十年代初為限，這一期間的小姐們，生活大抵較有序。

那時，夜遊場子，開得並不太晚，小姐們大概三四點鐘（有些甚至在兩點鐘之前）已上床休息，一覺睡醒，不過是中午時分。

我手邊有一本七六年寫的日記，簿子已經發黃，其中七月二十八日有一段這樣的記載——「中午十二點卅分，美姬約喝茶於五月花酒家三樓，下午四時往見莉莉，陪伊往美容院，飯於祥記，莉莉在座。」

日記雖簡單，卻可看到小姐們的生活程序。

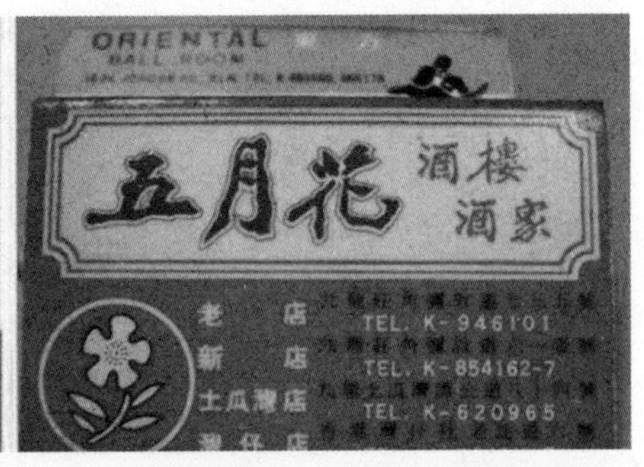

黃球（又名黃耀環），60年代初在九龍彌敦道開了一家名為「五月花」的酒家。（資料圖片）

日記中的美姬跟莉莉，都是舞小姐。五月花酒家（今已歇業）開在杜老誌舞廳樓上，祥記則今於洛克道。

從日記中可以看到，美姬這位小姐早上十一點多已起床，否則趕不上十二點卅分到五月花喝茶。

而小姐們大多有「洗頭」的習慣，四點經已約好了髮型師，可見莉莉必然是在兩點左右起床。

又再看一段同年八月廿三日的日記：

「夜十二點，偕珍珍離富士後消夜於怡香，遇美姬、洪洪，一齊共飲，至兩點半，送三人回，是夜難得一好眠。」

這又顯示出那時代的小姐，大抵在兩點半便離開夜遊場所回家。當然，並非每個小姐如此，但一般而言，都比較有紀律，不若如今小姐那麼放縱。

再說歡場女性的分類。

以我個人經驗，小姐的性格大約可分為三大類：

一是八卦型，也就是歡場最多的一種典型。這種小姐，平日喜歡吱吱喳喳，說個不停，在她們而言，芝麻綠豆的事，都值得討論。這種八卦型的小姐，活潑佻皮，對歡場客而言，本是最好的解頤劑，但是口水太多，有時會令人感到厭煩。

第二類是高傲型。這種女人，最是令人作嘔，雖然溷落歡場，卻偏偏要把自己看成白天鵝公主，將客人看作追求她的白馬王子。

這一類型的小姐，對客人，矯揉造作，令客人不勝其煩。有位朋友，無意中在歡場結識一名小姐，樣貌普通，以一般常理看，朋友與這位小姐，應該只是一夕之緣，豈料，朋友卻如蜜蜂採蜜，採過不休。為了炫耀他的風流事跡，損友相敘，朋友必然攜「眷」出席，本來一眾同樂，多位女士，可添情趣，壞在此位小姐，自私自大，對一眾損友，並無尊重，而朋友一貫其「重色輕友」之性格，如奉綸音，唯命是從，歡樂場面，往往不歡而散。舟能載人，亦能溺人，女人是禍水，尤其是這種類型的歡場小姐，不識為妙。

第三類型的小姐，統稱「豪放型」。這種小姐，套用一句廣東話來說，就是「大癲大廢」，捉摸不定。

從表面看，這種小姐十分容易相處，但一經接觸，就發覺不是想像中那回事。朋友也曾在一歡場中，結識一位類似的小姐，甫見面，小姐就要朋友帶她出去，朋友叫買鐘，小姐反對，着朋友在夜總會門外等候。朋友以為鴻鵠將至，豈料小姐出到門口即令朋友自己回去，原來她約了姊妹打牌，朋友問她為什麼不讓他買鐘帶出來，小姐回答：咱們是朋友嘛！今晚不講錢！明天請早！

45 小姐的底蘊

小姐的對象，可以說百分之九十是下層階級人士，偶有中產階級者，大多數是失婚男性，不計較小姐的「浪漫」過去，如果是一個有學識而有上進心的男人，一知道戀愛的對象原來是小姐，怕早已夾着尾巴走遠了。

一入歡場深似海，回頭已是百年身！足為今日想踏足歡場女人的殷鑑。

可今天，我十分的高興。旺角道左遇到了一位上海舊識，她一把拉住我喝咖啡，我說「去茶餐廳吧！」她搖頭「不行！我們過海去『文華』！」

那裏的咖啡不便宜，她說「沒相干！我花得起！」她的丈夫是一家跨國公司的行政總裁，年薪數百萬，她善積蓄，精投資，名下股票，總值逾千萬，還有半山房子收租。天呀！她可是個千萬富婆哪！

看着面前的女人，滿臉的興奮，我知道「幸福」已跟她掛了鉤，我深深地祝賀她永遠幸福下去！同時渴望目前所有正在歡場過活的女人，最終都會得到幸福！

看到這位舊識，不由想起了陳年事，許多年前，她參加過選美。

以前，每年兩家電視台都有選美之設，不少美女，躍躍欲試。相識的歡場小姐，自忖擁有天姿國色，都想搖身一變，做「真」的小姐。

不過，儘管每年都有傳説，某家場子的小姐進了初選，到頭來，卻無法証實是真是假。

到底有沒有歡場小姐競選小姐呢？

答案是有的。七十年代末、八十年代初，我在電視台工作，間中偕友去逛歡場。

那時候，在電視台工作的人員，頗受小姐們歡迎，朋友為了增加氣氛，故意洩露我的身份，於是不少嬰宛輩都爭相坐我們的枱子，十分鬧猛。

三十年前，我跟朋友去尖沙咀一

1973 年是香港第一次電視轉播選美活動，圖為冠軍小姐集錦簡輯。（資料圖片）

家夜總會消遣，有一個叫敏子的小姐問「我想參加選美，行不行？」

我一怔，朋友已搶答「行！為什麼不行！湯美！你替她報名，做她提名人！」許多人以為選美不許歡場小姐參加，其實不然，選美是歡迎各階層女性參加的，只求有中學程度便行。

經不起朋友的遊説，我真的替那位敏子小姐報了名。敏子真的去參加初選。過了兩天，她收到大會的電話，着她去面試。這本是大好機會，可是敏子最後卻放棄了，為什麼？因為她怕別人知道她是晚晚陪人上床的歡場小姐。

小姐不敢面對現實，無可厚非。如今狗仔隊厲害，祖宗十八代怕也會被查出來，與其出醜，不如藏拙。不過，小姐不敢選美，卻有膽闖銀壇。以前的電影圈，有不少明星，本身就是舞國紅星，如今走紅的英俊男明星，他母親以前就是「杜老誌」的紅小姐。當年在「杜記」，捧場客每夜接踵而至，遲到者就坐不到她的枱子。

還有一個影壇長春樹，許多人都不知道她的底細，我年輕時往跳舞，坐到了她，她風情千萬種，真是「萬人迷」。如今老了，餘韻還在，誰會知道她已年過六十！

46 看書的小姐

歡場小姐看不看書？

答案是百分之九十看書，而且看得很多。

不過，所看的書，絕非純文學，而是通俗讀物，包括八卦週刊，愛情小說，詭秘小說等等。

七八十年代，有一趟我到尖東一家夜總會消遣，有一個非常溫文優雅的小姐過來陪坐。

我看她氣質不凡，就跟她聊起了書，問她喜歡看什麼書？

小姐回答「通俗小說。」

問可有看純文學小說？

小姐好奇地反問我「什麼是純文學小說？」

我一時語塞，想不出用什麼說話來解釋「純文學」。

小姐機靈，問：「是不是那些看來看去也看不懂的東西？」我只好點頭稱是，心想：天哪！純文學在小姐心目中原來是一個謎團。

小姐們最喜歡看的書，不離愛情小說和科幻小說。

那時候，小姐們心目中的大作家是亦舒、倪匡、伊達、林燕妮、嚴沁、岑凱倫等幾個人（金庸不與，因為小姐不愛看武俠小說）。

你若問她們可認識巴金、魯迅？

她們就會瞠目結舌地反問：「誰是巴金、魯迅？」

名作家伊達年輕英俊，瘋魔萬千女讀者。（作者提供）

那麼說，也許小姐都是不學無術的傢伙了，這也未必。

許多年前，我曾遇過一個頗有學問的小姐，本身是北京一家大學的文科畢業生，來了香港，投親不遇，只好下海貨腰。

因為有文學修養，言行舉止，都與眾不同。

她坐我的枱子，朋友介紹我說「這位先生，雅好舞文弄墨。」小姐一聽，眉飛色舞，立即問我喜歡看哪類書？

我告訴了她之後，她欣喜莫名「在這裏，我做了大半年，沒見過一個像你這樣的男人。」

承美人謬讚，真是受寵若驚之極。

本書作者早年遊學日本，研究中日文學，翻譯紹介結冊而成《梅櫻集》。波文書局，1976 年 7 月初版。（作者提供）

反問她喜歡什麼書？

她回答：「大陸嘛，過去因為搞運動，許多好書，都給禁了，我只能看到一些魯迅、茅盾的書。」

問感受如何？

她侃侃而談「魯迅嘛，我覺得他的文字晦澀難明，寓意太深，我看不太懂。印象中，最好的是《阿Q正傳》，反而是茅盾，我覺得他的文章較為流暢易讀，我最喜歡《子夜》。」

我聽了，大為感動，歡場女子能懂魯迅、茅盾，千中無一呀！

我告訴她，茅盾比魯迅活得長久，筆法方面，自然有了改進，若以同時候的作品論，魯迅高於茅盾。

那夜，她興奮極了，主動請我吃消夜，摸酒杯，談文學，良夜就如此過去。唉！

此情此景，今已成絕響。小姐談文學？談你個鬼！呸！鈔票，小姐才有興趣談呢！

47 梅腔王調

相識的小姐當中，對歌曲感興趣的，頗不乏人。

十多年前，我做過一個調查，題目是「小姐與歌曲」，得到了一個頗有趣的答案。

（最近又想故劍重彈，看來得出答案一定判然有別。）

所謂歌曲，我把它分為四個部分：

〔一〕國語時代曲；〔二〕粵語流行曲；〔三〕粵曲；〔四〕歐西流行歌曲。

我一共問了三十位小姐，結果令我感到意外，原來三十位小姐當中，居然有半數喜歡唱粵曲，三分之一傾向粵語流行曲，四分之一則嗜國語時代曲，喜歡歐西歌曲者，只有兩名。

原來小姐如斯深愛香港文化，令我跌了眼鏡。

粵曲中，小姐大多選唱任白首選名曲《帝女花》。

其次則是麥炳榮、鳳凰女的《鳳閣恩仇未了情》，再次的，則仍是任白的《劍合釵圓》，這三首歌是大熱門，幾乎每夜必唱。八十年代起，《分飛燕》成了熱門歌曲，每個小姐都懂唱。

至於粵語流行曲，則沒有固定的歌曲，大抵以時尚為主，譬方流行劉德華，就多唱劉德華的歌。流行黎明，就唱黎明的歌。張學友、郭富城大紅，小姐們也戮力捧場，不分彼此，在廂房裏唱K，也就多挑他們的歌。

民初妓女聲色俱全。（資料圖片）

也有不少小姐，同性三分親，喜歡鄭秀文、陳慧琳、陳慧嫻。

至於梅艷芳，王菲兩天后的勢頭更不用多說，《把冰山劈開》、《壞女孩》、《一個容易受傷的女人》有哪個小姐不懂唱！

梅腔王調早已成小姐仿效對象，一時之間，A版梅姐、B版王菲充斥歡場，歡場成了音樂場！

國語時代曲，則多有固定的歌曲，一般小姐多愛唱李香蘭的《三年》、潘秀瓊的《情人的眼淚》、崔萍的「今宵多珍重」、顧媚的《不了情》、《夢》和陳芬蘭的《負心的人》。

青山、謝雷、鮑立也不賴。他們的首本名曲也為一眾小姐所愛唱。新興一代臺灣男歌星張宇，任賢齊，伍佰等，都有一定知音者。近年紅透半邊天的周杰倫，人雖不英俊，喜歡他歌的小姐卻多得超乎我的意料，男人有時真是不可貌相的。

還有一點令我注意到的是，選唱國語時代曲的小姐，年齡都比較大，約在二十五至三十之間。

相反，選唱粵曲和粵語流行曲的小姐，年齡都會較輕。

最後一提歐西流行曲，只有兩位小姐喜聽、喜唱，不過亦僅限於那首《風月俏佳人》的主題曲《Pretty Woman》，因為迷戀李察基爾，愛屋及烏，連歌也愛上了。

當然，也有可能正在期盼有天自己會烏鴉變鳳凰，成為茱莉亞羅拔絲哩！

48 歡場深似海

有人問我小姐的下場是不是一定悲慘的呢？這很難回說。

不妨挑兩個我認識的小姐來說一下吧！

大約四十年前，我常隨堂兄到「杜老誌」、「新加美」跳舞，同一時間認識了兩個小姐，姑稱之為A與B吧！

A小姐是上海人，那時，在「杜老誌」，她是當紅小姐，月入萬金，追逐她的客人多如過江之鯽；不過，她惜身如玉，不隨便應客。

在芸芸的客人當中，她只喜歡一個做工程師的中年客人。工程師，乍聽起來很不錯，可比起當時那些石油商、地產商，金融客，則不過爾爾，不足比並矣。

可A小姐立場堅定，寧可推掉堆在眼前的花綠綠鈔票，委身下嫁那個工程師。四十年後，証明她的選擇是正確的。

她的丈夫，開了一家裝飾工程公司，生意做得大，發了財。

而她呢！到我們再相遇時，已是三個孩子的母親，其中兩個兒子，一個是醫生，一個是律師，而最小的女兒也去了加拿大唸書呢！顯然A小姐是生活在幸福中！

再來說B小姐，同樣是上海人，不同的是她在「新加美」伴舞，檔次差了一點。

論外型，B小姐更勝A小姐，蛾眉螓首，樊姬擁髻，蓮步輕盈，鶯聲嚦嚦，令男人未曾真箇已銷魂。

B小姐的裙下之臣不下於A小姐；然而，她有一個惡習，就是喜歡倒貼小白臉。

客人生得英俊瀟洒的，她會主動請吃飯，甚至送上鈔票和自己的胴體。

除了這個惡習外，她還有一種虛榮性格——愛慕有勢力的男人。

起先，她搭上一個馬主，繼而愛上一個台灣歌星，甚至跟他結婚。

不到兩年，她又見異思遷，拋掉歌星，改嫁一個江湖大哥。

本來如果安份守己，大可做一個歸家娘，然而，她是一個不甘寂寞的人，背着大哥，又出來胡混。

結果，大哥一怒跟她離了婚。

B小姐重獲自由，在夜總會做媽媽生，惡習不改，繼續泡小白臉。

二十多年前，還常在歡場見到她，九十年代後，則已不知所踪。

算年齡，已近六十，怕已無小白臉會鍾情於她了吧！

B小姐的下場，不用多說，不會好過A小姐。這兩個故事，在在說明小姐的下場大多取決於她個人的性格。

最近跟堂兄喝酒，他很感喟地說：小姐大多沒有好下場，能夠「埋街上岸」的，萬中無一。

這又讓我想起唐代詩人崔郊的「贈去婢」裏的兩句詩：「侯門一進深如海，從此蕭郎是路人。」歡場這道門是不可輕敲擅進的！

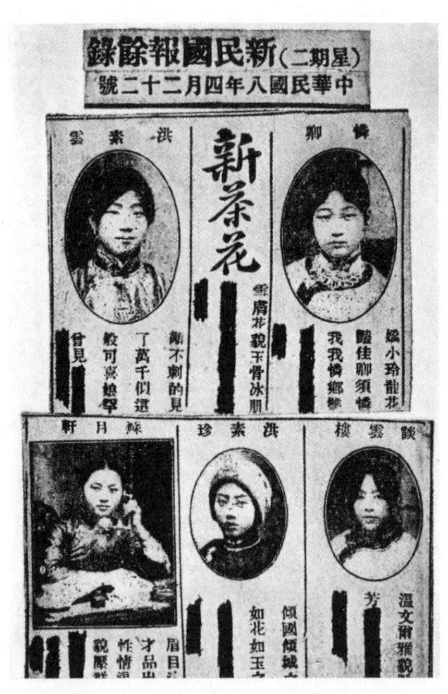

民國年代的花訊。（資料圖片）

49 Z彈艷舞

八十年代末，「新加美」舞廳，一到午夜，樂台鼓聲便會大響，司儀上台宣佈表演時刻到。

我問身邊的小姐是什麼表演？

小姐瞪我一眼，一臉揶揄說「是你們男人最愛看的節目。」

我立刻知道是什麼——那是艷舞。

一個來自菲律賓的美女，作了一身閃亮牛女打扮，隨住急烈音樂，在場中狂舞奔圈。

按住表演規律，隨住音樂，很快，美女身上的衣服越來越少。

最後，脫至一絲不掛，將誘人的胴體，毫無保留地呈現在所有觀眾的眼前。

對這種艷舞，不客氣說一句，我一向是敬謝不敏，因為它根本不能挑起我的起碼情慾。

我寧可欣賞身邊小姐的胴體，也不願觀看這種商業化的所謂艷舞。

待我飛向回憶的長河吧！

從舞廳商業化艷舞想到不少舊事，餘韻嬝嬝，細柳依依……

第一次看艷舞，是在九龍城「華聲」。

那是五十年前的事了，跳舞的是一個工廠小姐，長髮遮臉，不辨臉容，隨住「阿哥阿哥」音樂，機械化地跳。

看得出她是被逼跳裸舞，不要説無挑逗之可言，簡直令人看來嘔心。

後來朋友帶我去尖沙咀彌敦道，看了從法國來的艷舞，這才領教了艷舞的奧妙和樂趣。

那法國舞孃十分性感，舞姿狂野奔放，舉手投足，盡是挑逗，直看得我熱血沸騰，熱汗淋漓。

自此，對艷舞上了癮，有一段時間，樂此不疲。

九龍城的脱衣舞，水準固然談不上（其實根本無水準可言），不過，對一般好色之徒來説，卻是一樁賞心悦目的娛樂。

那年代，「華聲」夜夜坐無空椅、立無隙地，每個架步主持人都賺了大錢。

時至今日，偶然在夜店，我還能跟那一班主持人相晤，他們穿金戴銀，舉止放肆，氣派之豪，令我黯然神傷。

香港最好的艷舞，聽老前輩説，該是Z彈瑪高。

Z彈瑪高，五十年代東來獻技，籠烟秋水，乳浪臀波，令不少男人色授魂予，不知所以。

當年王孫公子、白頭名士、巨商大賈，走馬輕裘，拜倒伊之石榴裙下者，不可勝數。

瑪高獻技的地方，是舊日香港最著名的「麗池」夜總會，也就是今日鰂魚涌麗華樓與麗景樓的舊址。

我雖不曾見過瑪高，但長輩卻欣賞過她的舞技，他們説瑪高的優點是「樂而不淫」，明明挑撥着你，你卻不覺得她是在販賣色情。

這種艷舞的最高境界，十分罕有，法國「癲馬」、日本「寶塚」歌舞團（編按：「清純、正直、美麗」，是寶塚歌舞劇之父小林一三先生對這個全部由未婚女性組成演出的歌舞劇團的期許，成為延續百年至今的座右銘。）都猶有不及。

舊時香港最著名的「麗池」夜總會，就是今日鰂魚涌麗華樓與麗景樓的舊址。（資料圖片）

50 舞廳雜談之一

前輩任伯在他報撰述有關香港舞廳的源流，資料翔實，彌足珍貴。

據前輩敘述，香港最早的舞廳，大抵開設於上世紀四十年代的石塘咀，第一家曰「金陵舞廳」，第二家為「廣州舞廳」。

這兩家舞廳，望衡對宇，相互輝映，都是當年巨賈富商、白頭名士、走馬王孫消遣的場所。

翻查資料，這兩家舞廳所行制度皆是夜上海舊制，即舞客進場要買舞票，然後請舞小姐跳舞。

舊日上海灘有三大舞廳，分別是：

（一）百樂門。（二）美高梅。（三）仙樂斯。（此舞廳先父是股東之一，大老闆是洋人，父親友人朱仁山出任董事長，就是上海灘響噹噹人物「小山東」。）

這三家舞廳，規模恢宏，氣派不凡。

每當華燈初上，各方舞客，蜂擁而至，繁燈似水，裙屐如雲，歌舞昇平，不在話下。

舞客與舞女翩躚起舞於烏亮發光的彈簧舞池，窗慍迷花，香檳瀉酒，形成了不夜樂園。

四九年大陸變色，上海豪客、舞女紛紛南下，聚居香港西區。

為了向上海豪客提供消遣場所，有人效法上海，在石塘咀捌設上海式舞廳。

前輩寫了「廣州」、「金陵」兩家，卻漏了一家「仙樂」舞廳。

「仙樂」舞廳是正宗上海式舞廳，一九四九年營業，老闆是上海舞業大王蕭長根，我的母親是其中一個股東老闆，在我家的照像簿子上，還有一幀當年「仙樂」舞廳開幕剪綵的的照片，照片中的母親，穿了長旗袍，笑靨盈盈，端的是一個古典美人。

上海百樂門早期舊貌。（資料圖片）

五十年代，香港人棲居情況起了變化，逐漸由石塘咀東移至中環。中環成為商業薈萃之區，大廈矗起，商人匯聚，於是有人在今「卡佛」大廈舊址開了一家「中華」舞廳，氣派豪華，逐漸成為商賈公子消遣的金窩。

五十年代，香港的夜生活，除石塘咀的酒家外，就是舞廳。

可三家舞廳不足應付如潮水般湧來的舞客，於是名重一時的「杜老誌」在灣仔杜老誌道上亮相面世矣。

「杜老誌」的規範，有上海「百樂門」之風，面積雖有不如，制度相仿，排場一流，於是吸引了不少「金陵」、「廣州」、「中華」的舞客，轉而捧場。

從此，舞廳業開始興旺，不讓香港專美於前，九龍也相繼有了「宮殿」和「東方」。由是相互隔海對峙，耀亮了香港的繁華夜生活。

六十年代後，酒家凋謝，舞廳興旺，港九大小舞廳有如雨後春筍般地湧現，舞廳成為夜生活的主流。

四五十年代的舞廳，舞女以上海小姐為主，樊姬擁髻，雍容華貴，西子捧心，楚楚可憐，各擅勝場，火山孝子無不色授魂予。

到了六七十年代，上海小姐漸少，粵籍佳麗抬頭，美色不如前，勝在地道有親切感，舞客更易投入。

51 舞廳雜談之二

六七十年代是舞小姐最能賺錢的年代。

「杜老誌」的紅小姐，出街陪客人晚飯（僅吃飯而已），報酬是一張「駝背佬」（即五百大元）。

如果一月有二十日陪客出外吃飯，已能進賬一萬元。

那時樓價不外兩三萬，換言之，當三個月小姐，就能安然買一層房子。

紅小姐的進賬，當然不僅限於出街陪客吃飯，她們還有客人的餽贈。

「杜老誌」的紅星江濤，就有一個老客人送她跑馬地兩層逾千呎房子；至於天皇巨星泰萊更是了不起，代步的房車、棲身的渣甸山洋房、身穿的名牌衣服，盡是裙下之臣所贈。

舞廳收入全是淨收入，不必開支，由此可知，一個紅小姐每月收入是如何驚人。

老前輩還提到舞廳制度，余生也晚，不妨也來約略談談

香港最初期的舞廳是行「買票」制（此制源自上海），就是客人先買了若干枱票，然後去請小姐跳舞，每跳一舞，予以一張枱票。

後來嫌瑣屑麻煩，改行「大班」制。

什麼叫「大班」制？

那就是舞小姐統由舞女大班（男女都有）管轄。客人來捧場，便安排分批上枱伴舞。

好處是秩序井然，不必費客人挑選小姐之神。

可壞處則罄竹難書，許多時，有個別大班心存偏袒，寵愛喜歡的小姐拼命帶上枱，厭惡的或不懂拍馬屁的小姐就打下冷宮，讓她們可憐兮兮地，眼巴巴枯等無枱坐。

這不期然地造成了「不公」現象，大班小姐們為此頻生齟齬，影響舞廳聲譽，於是有聰明的舞廳老闆想出了應對的辦法，改行「公司」制。

想出這辦法的是北角「瓊樓」舞廳的負

尖東「花都夜總會」——「尖東之虎」曾在此做睇場。（資料圖片）

責人盧老闆。

「瓊樓」當年也算是大舞廳，可格調不如「杜老誌」和「東方」，卻與「迷樓」、「新加美」、「富士」等量齊觀。

盧老闆的「公司」制是啥東西？

拆穿了，很簡單，就是舞廳小姐統由公司管制，大班只負帶枱之責而不再兼分枱任務。

大班既受僱於公司，帶每個小姐，收入都是一樣，於是就免除了多帶多得的陋習。「公司」制還有一個好處，就是客人可以任意自挑小姐，大班無法塞枱，這就照顧了客人的消費。（過去行「大班」制時，大班推薦的小姐，即使貌如東施，客人也得硬吞，不但氣悶難耐，還浪費鈔票。）

客人省了鈔票，又不必再受大班閒氣，自然樂於捧場，由六十年代起迄八十年代末，正是舞廳的黃金期。

「公司」制一路到八九十年代，舞廳衰落時，還被廣泛採用。

舊時的花街柳巷最是歡場客所愛。（資料圖片）

52 舞廳雜談之三

香港戰後，歌舞昇平，石塘咀出現了「廣州」、「金陵」兩大舞廳，此外還有「仙樂」和「凱旋」，因而每到華燈初上，風流客絡繹而至，道為之塞。

其後，市面向東發展，繁華移至中環，先後又有了「中華」和「百樂門」之設。

「百樂門」在今德輔道中，因貪慕上海「百樂門」舞廳之盛名，改名「百樂門」，其實以論場面的熱鬧、氣派的豪華，不啻天壤。

五十年代後，灣仔漸成為港人集中之地，因而在洛克道上先出現了「巴喇沙」舞廳，而在馬師道則又椕設了一流舞廳「杜老誌」。

「杜老誌」的老闆叫黃球（現仍健在），他採取了上海三大舞廳（百樂門，美高梅，仙樂斯）之長，再注入香港色彩，築成了名傳夜生活史的一代舞廳。

「杜老誌」的小姐，在五十年代到六十年代初，大多是上海女性，她們從上海移居香港，把夜上海的洋場風情一併帶到舞廳。因此不少南來上海名流，都爭相捧場，「杜老誌」遂一躍成為夜生活的龍頭。

此其時也，石塘咀花事漸闌，「廣州」、「金陵」已處垂死掙扎，而「中華」、「百樂門」亦岌岌可危，香港舞業只得「杜老誌」和「巴喇沙」兩家獨佔二鰲頭。

六十年代中期，灣畔陸續出現了不少大小舞廳，粗略計算，便有「新加美」（前身為「加美」舞廳，地址在今銅鑼灣英光大廈）、「富士」、「紅樓」、「迷樓」和「金鳳池」。

此中只有「金鳳池」可與「杜老誌」比肩。「金鳳池」在高士打道一舊廈二樓，一條長樓梯直達銷金窩。場內輕歌妙舞，香檳瀉酒，而陪舞粵籍小姐皆是一時之選，玉環豐腴，飛燕內視，令人意亂情迷。

灣畔舞廳，級數最高是「杜老誌」、「巴喇沙」和「金鳳池」。

茶舞四元，晚舞八元。帶小姐出街晚飯，最低消費是五百大元。

至於小費方面，豐儉由人，不過豪客慷慨大方，每別大多再付五百，一頓飯一千大元，等於當年一個中等家庭的一月收入。

那時候的舞廳，格調高尚，小姐亦大多守身如玉。

我的一個朋友小毛在七十年代中鵠一「杜老誌」小姐慧萍，每週兩天帶出帶入，花費至鉅，逾三個月，卻仍未作入幕之賓，可見當年追小姐之難。

「杜老誌」、「金鳳池」殊非一般舞客能消費之所，退而求次，次一級別的舞廳，遂成為大眾舞客聚腳之地。

這當中尤以「新加美」和「富士」最受舞客歡迎。

有一段長時期，這兩家舞廳每天都處於「你死我亡」階段，各出奇招，鬥個你死我活。

「新加美」和「富士」同格、同價，都是茶舞一元，晚舞四元，伸算起來足足要比「杜老誌」便宜一半，因而攫取了不少中上階級的舞客來捧場。

這兩家如同世仇的舞廳，無巧不成話，都座落在洛克道上，相距不過兩個路口，門面格調相仿，皆是推門內進，便是一條鋪了紫紅地毯的轉彎樓梯。

場內設置擺佈，亦大致相同：長枱，四方桌，梳化，任君選挑，而伴舞小姐，則南北佳麗雜陳，蜂腰臀浪，圓姿替月，千中挑一，必有一位適合舞客所愛。

因此這兩家舞廳的生意額按月跳升，論進賬，更勝超「杜老誌」。

53 舞廳雜談之四

到了七十年代末期，「金鳳池」、「紅樓」、「迷樓」因人事複雜，生意回落，相繼關門，灣畔舞廳遂成三國鼎立之勢（即「杜老誌」、「新加美」和「富士」三家舞廳爭霸）。

無論「杜老誌」也好，「新加美」、「富士」也好，都有一個怪現象，便是茶舞獨旺而晚舞冷落。

「晚舞」水盡鵝飛，有如一泓死水。

為何會有此現象？

原來這三家舞廳的小姐，稍有姿色的，都會在茶舞時段，給舞客帶了出街到夜總會、酒家晚飯。

通常，這些帶小姐出外的客人都會買個全鐘，那就是説小姐茶舞一出街，就不會上晚舞了。

留在晚舞的小姐，大多是無街可去的冷板皇后，她們的晚飯便是自掏腰包叫外賣。

七十年代中期，我試過一趟在晚上十點左右，跑上「新加美」泡晚舞。你猜是個啥模樣？

哼！偌大的場子，大抵只有疏疏落落的三四枱客人，樂隊的音樂奏得懶洋洋，小姐們都是無精打采的在抽煙、嗑瓜子、打牙祭。

試問看到這種冷冷清清的場面，舞客哪還有心思泡下去呢。因此「杜老誌」、「新加美」和「富士」基本上晚舞是名存實亡的。

那麼如果舞客要跳晚舞，那又怎麼辦呢？

聰明的舞廳從業者，想出了聰明的拆招辦法，他們開設了專為晚舞客入服務的舞廳。那便出現了「金池」和「長城」兩家舞廳。

「金池」在今總統戲院旁的一幢大廈二樓，裝潢普通，卻勝在城開不夜。每夜一到十一點，各方晚舞客如潮水般進場，一時之間吹煙成霧，話聲震瓦，熱鬧喧嘩。

「金池」的茶舞只收一元，跟「新加美」和「富士」相同，但晚舞僅二元，便宜了一半。為表公道，方便結賬，「金池」首採「插票」制。

「插票」制者，便是每有小姐上枱，即插一票，結賬時，以插票為計算的依據，清晰快捷，可謂公允。

六十年代末、七十年代初，「金池」在銅鑼灣區十分出名。它的前身是「百勝」潮州菜館。這家潮州菜館，老闆在江湖上赫赫有名，就是名震一時的大毒梟「跛豪」。

「長城」在灣仔道舊「白宮」酒店頂樓，格式類似「金池」，收費亦一樣，可小姐類型大異其趣。「金池」的小姐多是粵籍「熟女」（間亦有外省籍小姐，惟其數甚少），年約在二十五至三十。「長城」則不同，廣納「嚫妹」，場中不少甫中五畢業的女學生，青春可人，活潑奔放，不獨最對中老年客人的胃口，青年客人亦趨之若鶩，每夜十一點敲過，即有人滿之患。

上世紀六十年代灣仔一帶酒吧舊景觀。（資料圖片）

三、明星浮沉

題記：逝水韶華去莫留，漫傷林下失風流。
——（清・趙艷雪）

54 眼緣

過來人生前，常說一句話——「這個女人對眼緣。」意思簡單，就是「一看便喜歡」。

男人對女人，女人對男人，第一眼印象，非常重要，「對眼」，萬事順暢，水到渠成。若不「對眼」，便是沒好印象，任憑日後如何努力發動追求攻勢，也如「扯牛上樹」，不得寸進。

「眼緣」這回事，很玄，沒什麼標準，許多人以為男俊女美，會佔優勢，可那也不一定。

昔日影壇有一個美貌如花、性感冶艷的尤物叫夏厚蘭，樣貌集合了歐亞優點。（資料圖片）

昔日影壇有一個美貌如花、性感冶艷的尤物叫夏厚蘭，本身是一個中西混血兒，樣貌集合了歐亞優點，鳳眼高鼻，杏臉桃腮，一笑一顰，盡教天下男兒醉倒。

按理這樣條件的雌兒，裙下之臣眾多，必

能挑得一個如意郎君。

這郎君嘛，定是英俊瀟灑、玉樹臨風、腰纏萬貫、千中挑一的人物。可戀愛消息爆了出來，竟然是圈中一個二流男星、三流導演于聰。

消息傳出，影圈嘩然。

吃不到的葡萄是酸的，有人因而妬恨于聰——「何物于聰，居然奪得美人歸，我呸！」于聰原本是一個演員，銀色事業浮浮沉沉，不紅不黑，最後只好退歸幕後，學做編導。也不知交了什麼桃花運，竟然為夏厚蘭看中。那時夏厚蘭名氣很大，電影裏大凡媚軟着人的角色，導演們第一個想起的人選，必然是她，因而片約不停。反觀于聰，偶有一部電影到手，已屬徼天之幸。

懸殊這麼大，怎會扯在一起？

那時我只不過十歲，跟隨翁靈文伯伯到片場看拍電影，對一切物事都感新奇，看到夏姐拍出浴戲，居然不用清場，心裏十分佩服她的勇氣。混血女人到底是與眾不同，拍脫戲不覺一回事，大大方方，反而顯得我們旁觀者侷促了。

翁伯伯跟夏厚蘭相熟，我雖年少，也懂得男女外貌、地位的差別，問翁伯伯夏姐為什麼會喜歡上于聰？

翁伯伯回答：「我也問過了，她只回了一句話，對眼緣。」這是我第一次聽到「對眼緣」這三個字，自此長記在心中，日後遊歷歡場，更體現了這三個字的真實性和重要性。

五十多年前，我在「仙樂斯」舞廳看見高蕙，對了眼緣，到今天還記得她的倩影。

男女相合，「眼緣」第一，男女藝人發展銀色事業，又何嘗不然。

有些女明星，本來就不漂亮，像周迅，你能說她是「美人」嗎？幾乎連「靚女」也扱不上，可她走紅呀！這就是有了「觀眾緣」，也就是——「對了眼緣」。

也有女明星，天生美人胚子，全身散發誘人魅力，像六十年代的莫愁，可就是偏偏紅不起，結果以自殺告終。這就是不對觀眾「眼緣」有以致之。

眼緣好玄妙，好神奇，不能以常理度之，只憑感覺。

55 七十年代的男歌星

斯義桂以一曲《教我如何不想她》享譽海內外。（資料圖片）

香港六七十年代，重女輕男，於電影圈、歌唱界亦然。

女歌星受歡迎，除歌藝外，當帶有「色香」成分，哪個歌星貌美，已佔優勢，倘歌喉過得去，必然大紅特紅，收入豐盈。

不過，牡丹雖好，仍須綠葉扶持，有陰必有陽，否則陰盛陽衰，萬物不長，此所以不少夜總會仍然僱有男歌星，為陪襯外，亦可平衡陽氣之缺。

在台灣男歌星侵襲香港前，本地男歌星並不多，而且多是以唱歐西流行歌曲為主，其中最著名的，當推「低音歌王」鍾亮。

懂聽歌的人，大抵都知道歌唱中，以低音最不易唱，此所以在藝術歌曲領域裏，男高音觸目皆是，獨缺低音。

五十多年來，低音歌星僅得斯義桂一人，而他亦僅以《教我如何不想她》為人所熟知，由此可知培養一個低音歌星之難。

鍾亮聲沉帶沙，有磁力，唱法蘭仙納杜拉的歌，形神俱似，因而搏得一眾歌迷捧場，他每夜上台，台下必多「粉絲」，鼓掌喝采。

唱外國歌而有名者，尚有一人，便是陳均能，駐唱北角「金舫」，由於我家在「麗池」，常可見到陳均能上班。

陳均能，人稱「銜欖」歌王，為啥？

乃是他唱歌時用氣，兩頰鼓脹有如含着一個橄欖之故。他嗓音較高，歌路有異於鍾亮，兩人各有捧場客。

除鍾、陳兩人，男歌星有名者，寥寥可數，勉強計算，只有「中國歌后」之夫奧利，不過，奧利以打鼓為主，人稱「香港鼓王」，唱歌純是一時興起，並非專業。

六十年代末，台灣男歌星紛紛入主香港，青山、謝雷、鮑立、張帝、洪鍾……，個個歌藝高超，柔喉、大喉俱有，香港男歌星遂給比了下去。

這時候，尚能飯的男歌星，首推「翠谷」的麥青。

麥青是廣東人，跟太太葉萍是夫妻檔，他唱國語時代曲，音準不俗，尤其是一曲《情人的眼淚》，很有味道。

麥青外，還有溫灼光，他是「星島報業」業餘歌唱比賽國語歌曲組的冠軍，以一曲《綠島小夜曲》成名。

溫灼光外型斯文優雅，戴着一副黑框近視眼鏡，外表上言，顯然不以色勝，純藉歌藝引知音。

當年，「金舫」除陳均能外，尚有「星洲歌王」秦淮，亦以唱國語時代曲名傳歌壇。邵氏艷星于倩得聽秦淮唱《蘇州河畔》，即時全情投入，每夜招朋捧場於「金舫」，後兩人結秦晉，卿卿我我，人皆以為長久，獨友人龍驤不予看好，以為終會仳離，他以兩人面相論之，果然應驗。

秦淮外，另一星洲歌星亦曾來港獻技，他便是以一曲《蔓莉》紅遍東南亞的黃清元。不過，黃清元的合約太多，在香港停留的時間不長，受歡迎程度當不如秦淮。

56 女歌星漫談

百代歌后姚莉，十五歲出道，享譽上海。（資料圖片）

寫了男歌星，總不能厚此薄彼，不提女歌星吧！先要聲明，在這裏，女歌星的範圍只限於香港，台灣的概不列於其內。

六七十年代，香港的女歌星分為兩大幫，一是上海幫，包括了南來香港的歌星和土生土長的上海籍歌星。

南來女歌星，最出名的，不消說是「百代歌后」姚莉。她的一曲《玫瑰玫瑰我愛你》，膾炙人口，不止唱遍大江南北，還東風西吹，連美國流行樂壇也把它改編成《ROSE ROSE I LOVE YOU》，這是第一首中國流行曲給改編成外國歌曲，足為樂壇爭光。

可惜的是，姚莉到了香港，因為要照顧家庭，離開歌壇，只作幕後代唱而不再踏歌台，對她的歌迷來說，不無遺憾。

南來香港、在上海早已成名，香港還作公開演唱的，數來數去僅「中國歌后」張露一人。

張露喜歡唱歌，有了家庭，仍不放棄，她是最早翻唱美空雲雀《蘋果花》的女歌星，技藝一流，唱來微入毫髮，然又找截乾淨，歌迷聽得耳油盡出。

除了張露，上海幫的名歌星尚有靜婷、崔萍、麥韻、霜華。

靜婷駐唱「豪華樓」，由於在「邵氏」幕後代唱黃梅調，成了紅歌星。其實靜婷本來不諳黃梅調，為了應付代唱，痛下苦功，豈料唱得比原來的安徽黃梅調更動聽，這便是天份。靜婷的歌，我最喜《癡癡地等》和《明日之歌》，曾仿唱，可得八十分。

論色，上海歌星中，以崔萍和麥韻為第一。

崔萍駐唱「燕雲樓」，眼大而靈，故有「金魚美人」之雅號，她的名曲有《今宵多珍重》、《南屏晚鐘》。女人漂亮，站在台上，佔了優勢，老實講，去捧崔萍的歌迷，除了聽，還在於賞色。

九十年代，經故友張夢還之介，得識崔萍姊，共飯數次，所得印象是有點「驕氣」，這是舊上海女人的特質，即所謂「CLASS」，不認識她的人，會認為她「囂」，知道她的人，也就不會放在心上。五十年代，我家來了不少南來的名女人，十居其九有崔萍姊的「驕氣」。

灣仔的夜總會，當年以「甘露」最著名，「甘露」原名「仙掌」，因發生了黃應求被綁案子，裝修後，易名「甘露」，其實「仙掌」、「甘露」詞異意同，都是沙漠客最渴求的東西。

麥韻駐唱其間，論名氣稍不如崔萍，講容貌，毫不遜色。前三年跟陳伯毅大哥喝茶，他說麥韻嫁了富商，養尊處優，保養得宜，風韻猶存。聽了，很感欣慰，女人會老，可老得有風韻，依然是美人。

麥韻善唱慢歌，我最喜歡聽她的《良夜不能留》、《夢裏相思》，她唱來不輸憶如和梁萍。

「我叫顧媚好姐姐！」（資料圖片）

險些漏了顧媚姐，由於她的廣東話說得好，人人都以為她是廣東人，其實她是蘇州人，生於書香世家，身上滿長藝術細胞，目前，她的身份是「著名畫家」。可六十年前，她是最最著名的大歌星，一曲《不了情》，你能說沒聽過？

「忘不了！忘不了！忘不了你的笑呀，忘不了你的淚……」我也忘不了顧媚姐！

57 美人遲暮最堪憐

八十年代，在《星島日報》上發表過一篇短篇小說《遲暮》，描述一個美麗中年女人的概嘆。

面對即將衰老的命運，美人日夕對住鏡子仔細端詳自己的臉容，當有一天，發現鬢邊多了根白頭髮，她懇求我用箝子把它立即拔掉，因為她心中容不下一根白髮。

小說發表後，很得好評，可惜這篇小說當時沒剪存，原稿亦早佚，如今只記得大概的內容，端是十分可惜。

美人自古如名將，不許人間見白頭，越是美麗的女人，越怕老，此所以名女人、大明星多有自殺一舉。

粵語片紅星林鳳，生前最「貪靚」，她出門打扮需時，衣服、鞋襪，搭配均稱，一絲不苟。只要有人對她的打扮略表異議，林大美人便會翳翳不樂。

我有幸跟林鳳見過兩次面，一次是她的影迷會，一次則是合作拍電影。

「有冇搞錯？你跟林鳳合作拍電影？」

「真係冇搞錯」！

五十年代中期，有一個週末，我隨父母親到青山酒店喝茶，忽地不遠處人聲鼎沸，嘈音聒耳，好奇的我，撇下母親溜去看。

原來是某電影公司在青山酒店對開的草坪上拍外景。那時候，香港的電影公司拍片都很節省成本，大多的電影留在片場拍，甚少會拍外景，因此，有外景的電影，一定是「大片」。

我集在人群中，朝草坪一看——咦！那不是大美人林鳳？呀！哇！還有大反派龍剛。這兩位都是我愛看的明星呀，於是我決定放棄那杯即將到口的三色雪糕（那是我最喜愛的甜食）。

這時，人潮起哄了，拚命往前擠，我年少體弱，一下子給擠到了前列第一排，那真可益了我，可以清清晰晰地看到心儀的偶像。

林鳳真的美，比銀幕上更美；龍剛在銀幕上「大奸大惡」，真人卻很溫文爾雅，說話慢吞吞，聽得人燙貼窩心。

香港早期影星（左起）麥基、林鳳、張英才和龍剛合作無間。（資料圖片）

這時，忽然有一個中年男人，手上拿着測光板走到我面前問：「細路！想唔想拍戲？」

拍戲？我怔了怔，講笑係嘛？還沒回答，那中年男人已拉住我的手，走到一個胖胖的中年男人面前：「導演！呢個細路幾精靈，你睇啱唔啱？」

那個導演上下打量了我一眼，用半鹹半淡的廣東話問我：「細路！你同邊個嚟呀？」

我聽得出他的廣東話帶有濃烈的上海口音，當下用上海話回答：「我跟姆媽一道嚟吃茶！」

那導演一聽我是上海人，大喜過望，連忙道：「儂等息搭林鳳、龍剛拍場電影，你立嘞伊隔壁頭就可以，弗必要講話！曉得哇？」

就這樣，我做了一片童星，這部電影就是後來大賣的《篷門淑女》。

林鳳的美，是一種氣質的美，當年迷死了不少走馬王孫、皮裘公子，後來不知怎地下嫁富商譚永成。

婚姻生活如何，不得而知，我只知在某一天，她忽然仰藥自殺了。

許多人猜測她自殺的原因，眾說紛紜，難有結論。

美人遲暮最堪憐！林鳳之死多少跟此有關，事實上，銀壇中亦非她一人如是，林黛亦然，樂蒂亦然！紅顏命薄，信焉！鳳樓簫曲斷，桂帳琴弦空，美人去兮再不還。

58

驚鴻一瞥

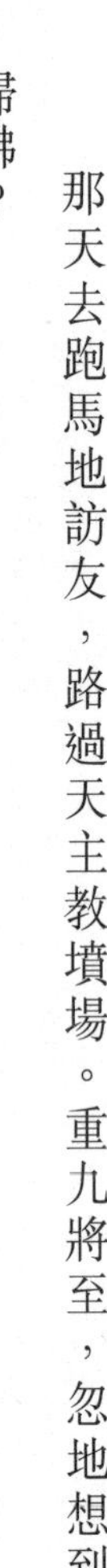

那天去跑馬地訪友，路過天主教墳場。重九將至，忽地想到林黛的墳，可會有人來掃拂？

她的丈夫龍繩勳走了，唯一的兒子龍宗翰也走了，爸爸程思遠老先生早走了，母親蔣女士走得更早，還有什麼人能在她墓前供上一朵潔白的菊花？會是影迷嗎？

林黛主演電影《翠翠》。（資料圖片）

六十年代初，林黛自殺，是哄動影壇的大新聞，許多人都罵龍公子害了她！情形一如樂蒂自殺死後，陳厚被影迷辱罵。

男女事，除了當事人外，旁人哪能知道內裏因由！咱們閒人又有什麼資格置喙！

林黛，原名程月如，廣西人，她的父親程思遠是一位資深政客，跟共產黨領導關係甚深，因而地位崇高尊貴，可林黛母女卻不曾得其助力，只好母女相依為命，在十里洋場的香港謀生。

林黛走上影壇之路，全靠名小生嚴俊，他看中林黛天生的靈氣，讓她擔任《翠翠》一片的女主角。

《翠翠》改編自沈從文的小說《邊城》，那是一個描述湘西少女戀愛的故事，嚴俊看中它，改編成電影，自編自導自演。

《翠翠》捧紅了林黛，這位圓臉、大眼的姑娘，從此由「程月如」一變成為「林黛」（藝名源自她的英文名字「蓮黛」）——一顆發光發熱的天皇巨星。

我見過林黛，那是一九五八年至五九年間的事（年代久遠，記憶薄了）。

那時候，我住在北角麗池大廈，斜對面是一家叫「金舫」的酒店，酒店七樓有「蜜月」酒吧，那是大作家金庸跟現時的夫人林樂怡女士訂情之處；二樓是室內泳池，夏天水涼如冰，冬日則暖似火爐，許多人都喜歡到那裏暢泳。

一天，我閒着無事，在四樓露台眺望街景，忽地酒店面前熱哄一片。定睛一瞧，約有五六十人在圍觀如堵，好奇，奔下樓看。

原來是「電懋」公司在拍外景，這部電影名曰《溫柔鄉》。

人群圍得嚴嚴密密，我人小身矮，看不見內裏乾坤，於是發力向前擠，一有隙孔，閃身插入，這樣終於讓我排了個頭位。

這時，有個助導模樣的人走過來維持秩序，口裏嚷着：「請大家讓開，讓開！林黛小姐要來了！」

一聽林黛，我眼前立即浮現起那個大眼睛、梨渦淺現、結着辮子的「翠翠」。這電影，我跟二姊一連看了兩次，那活潑可愛的翠翠，早已深深嵌在我腦海裏。

正當沉緬在回憶裏時，一輛「平治」汽車倏地駛至酒店前停下。車門打開，走下林黛。這時，圍觀的人情緒高漲，高喊：「林黛來了！看呀！多漂亮！」

我轉身看，正看到胡金銓攙扶着林黛在人羣匀出來的空間走過。

林黛真人比上鏡還要美上好幾分，聽到影迷喊她的名字，輕舉纖手，在空中微微揮，揮着一袖子的雲彩。

我定定地望着她，希望她能回首看看我。

那當然是痴想，沒可能！一路目送林黛的背影走進酒店、消失在我的視線之內，我仍呆呆的站在原地，直至人群散了，剩下孤零零的我，才懷着回味而又失落的心情回家。

驚鴻一瞥，竟成永訣！幾年後，林黛仰藥自殺，影迷同哭同悲。惟到現在，我可為她慶幸逃過了「美人遲暮」這一劫。

59 銀海遺恨

女明星在銀幕上，搔首弄姿，風情萬種，銀幕下的男觀眾，哪能不色授魂予，靈魂坐沙發椅！

只是我們一般小觀眾，哪有機會高攀女明星，心思只好藏心底，偶然對住她們玉照深深凝視，宣洩一下壓抑的情緒。

過往在電影界、電視圈工作，有不少機會接觸到女明星，惟大多是點頭淺交，難有緣相知相親。

曾有人說女明星只是表面風光，實則是否如此？嘿嘿！說與你知，大部分是對人歡笑，背人垂淚。

除非是天皇女星，而本身私生活檢點，否則星運一過，就會陷入窘境。

八九十年前，中國電影發軔，黎民偉為中國電影奠基，一時間電影這新玩意，成了風尚，全國各地戲院有如雨後春筍般地開業，觀眾人數與日俱增，於是冒現了「明星」。

那時候，社會上是重男輕女，但電影則相反，觀眾是重女輕男，男明星遠不如女明星吃香。

那年代的電影是默片，女明星只靠臉部表情、四肢動作展示演技，而她們的對白，則由銀幕旁邊的布板打出。

默片盛行，造就了不少男女明星，男明星我倒認識一位，便是黃夏飛，他是中國電影界老前輩黃天始的侄兒，英俊瀟灑，儀表非凡。七十年代，他已逾花甲之年，卻跟我成了忘年交，常在灣仔「龍門」二樓喝茶。

默片時代最紅的女明星楊耐梅。（資料圖片）

他告訴我默片時代最紅的女明星是楊耐梅，相信現時的觀眾連她的名字怕也沒聽過吧，更遑論看她的電影了。

楊耐梅紅的時候，她的每部電影都賣個滿堂紅，奇葩獨樹，楊耐梅便開始驕傲自大，其後更交了損友，迷上賭博和鴉片。

鴉片腐化了楊耐梅的容貌，賭癮迷失了楊耐梅的本性。

於是她由雲端掉到地獄。

一九五六年，楊耐梅被人發現流落香港德輔道中街頭，衣不蔽體，狼狽不堪，幸有熱情影迷認出了她，通知傳媒，經報章刊出新聞，各方施予援手，才由她移居台灣的女兒接她回台灣棲。

一代默片紅星，晚年落得如斯慘況，實在令人鼻酸。

我認識的、晚景淒涼的女明星，尚有一個是「邵氏」的演員，現尚存世，姑且叫她M小姐吧！

這M小姐在「邵氏」，說紅不紅，說黑不黑，在電影裏，當的是三四流角色，比梅香、丫環稍好，卻非女配角。

不過由於參演的電影不少，也有一定知名度，裙下之臣頗多。

M小姐素性風流，擇偶卻認真，最後結識了一個男人，M小姐把全身愛情都投向他身上，結果情花不開，M小姐大受刺激。

八十年代，M小姐就住在我家對面的那座大廈，黃昏時分，常見她一個人在大廈空地上漫步，喃喃自語，神情呆滯。

友人譚老幹跟她相熟，知道我同情心重，警告我千萬別惹她，因為她已經「黐線」了。

60

色迷心竅

電視台有選美節目，大抵以「TVB」始。

「香港小姐」至今已有四十多屆，第一任港姐孫詠恩今已年逾六十，美人嘛，駐顏有術，仍不算遲暮。

第一屆「香港小姐」冠軍孫詠恩。（資料圖片）

早十多年，在馬場還常見到她，伴着練馬師丈夫賓康亮相於沙圈，郎才女貌，羨煞不少旁人。

馬圈中異國情緣，那時候不多見，孫詠恩之前，怕只有蓓蕾。

蓓蕾是名歌星，拿手歌曲，是唱服部良一作曲的《花兒頭上插》。那年她戀上了名騎師梅道登，相戀多時，終成眷屬。

「香港小姐」開始的那幾屆，選出來的小姐都漂亮有水準，像余綺霞、呂瑞容、趙雅芝、張文瑛，都是百裏挑一的美人。

美人自多浪蝶追，因而有關港姐的緋聞也特別多。

那時的「香港小姐」節目，統由綜藝科負責攝製，統籌的是F君。

F君年輕英俊，加以懂得辦公室政治，那時已擢升至節目經理的高位，聽人家說，如果再有表現，大有機會坐上助理總經理的位置。

除了一身本領外，F君的家庭背景也幫了他不少忙，他出身戲劇世家，父親是粵語片的名演員，演技精湛，妹妹更是有史以來難得一見的天才明星，從小就紅得發紫。

F君跟我少有的有些往來，偶爾在電視台餐廳碰到，都會打聲招呼，坐下喝杯茶。

F君風流倜儻，有許多女藝員迷戀他，可他也算專一，只愛同台的一個女藝員H小姐。H小姐不能說是一等一的美人，不過眼大大，嘴小小，瓜子臉蛋，很討人愛，同事們都認定他倆是一對兒。

F君事業、愛情皆得意，幸福非常，可惜，人海生波，一次失神，一生抱憾。

那一年，來選港姐的佳麗，質素高得超乎想像。F君接見佳麗，看得目迷神馳，眼都花了。

他看中其中一個身形高高、腿兒長長的佳麗。

由於心生傾慕，面試的時候，就說多了話，讓那佳麗心花怒放。

未幾，F君電約佳麗見面，兩人對話，F君吐露仰慕之意，並暗示只要佳麗做他的女友，有辦法讓她名列前茅。

佳麗一聽，喜上眉梢，忙不迭地答應做F君的女朋友。

F君把自己看得太高了，滿以為以自己的影響力，可以左右賽果，孰不料，評審委員公事公辦，並不賣賬，選舉結果，F君心儀的佳麗三甲不入。

這一來，可麻煩了。佳麗纏着F君，一把鼻涕，兩行眼淚，要F君交待。

怎個交待？名次已定。難道叫佳麗明年再來選，那不可能！F君想用金錢擺平佳麗，佳麗不肯。事件終於鬧到高層。

高層一聽，那不得了，這會影響台譽，愛才心切，把F君調到內地，再跟佳麗簽約，答應力捧，才把事件壓下來。

這四十多年，都不聞F君的訊息，真不知道他現在到底怎樣了？一失足成千古恨，男女皆然。

61 妖媚女星自殺之謎

昔日影圈，有斷背男，同性女。我知道的，在數不少。

六十年代初，我常到尖沙咀「樂宮樓」喝茶，同座者，多影圈前輩。

黃天始老前輩在上海敵偽時期已從影，因曾助日人發展孤島電影事業，曾被魯迅炮轟，抗日勝利後，無法在國內立足，只好南下香港，繼續在影圈工作。

是不是漢奸，老前輩講得很明晰——

「在那個時候，我不幹，也會有人幹。日方首腦川多喜長政登門找我，算是禮賢下士了吧！不過僅是有禮，動不了我，只是他投下的一句話，讓我意動。他說『天皇派我來蓬勃中華影業，我必須服從，而且得貫徹命令，萬一先生不願與我合作，我也不加勉強。我辦不了事，必然被撤回去，那時軍方派個什麼樣的人來，我不敢保証。打仗固非我願，可是這並非我的力量所能阻止，萬望先生三思！』」

老前輩思前想後，最後「雖千萬人吾往矣」，揹了「黑鍋」，惹來「漢奸」污名亦在所不惜。

事實上孤島影業，那時候發展得異常蓬勃，上海變成了不夜城，同時也是東方荷里活，老前輩為電影人士保平安、箍飯碗，應記一功。

南來香港，老前輩繼續他的電影事業。

我人小志淺，對鴻圖大業不感興趣，只愛聽小道艷事，老前輩滿肚都是。

他告訴我，女明星同性事件遠比男明星斷背多。

我要他舉一個實例。

老前輩呷了口濃濃的普洱，說了一個女星的名字，名字正跟一種時花相同（老讀者能猜出是誰嗎？）。

這位女星，我見過真人，但並不認識。

六十年代初的某一天，她的新電影上映，搞首映禮，地點在灣仔大佛口蘭杜街的「麗都」戲院。女星隨片登台，我家傭人卿姐託人撲得兩張門票，攜我一起去觀映。

女星穿了銀色閃亮晚禮服，

美艷歌星夏丹獻歌一曲《我要你忘了我》，繞樑三日，怎能忘?!（資料圖片）

濃妝艷抹，在喜劇聖手陳厚的伴隨下，登台張口唱了一首《我有一顆星》，歌聲平平，反而是她的煙視媚行，秋波流轉，腿光緻瑩，至今仍然印象難忘。

首映過後不久，報上登出她自殺身亡的新聞，香閨裏躺着兩具艷屍，除了她，還有一個姓何的女士，據說是名醫之女。女星死時，年僅二十七。

老前輩說當時許多人都搞不通為什麼女星會夥同密友自殺，後來影圈溢出消息來，才知道原來兩人搞同性戀。

「女星遇人不淑，又飽受花花公子、電影導演的玩弄，對男人失去信心，寧可愛女人。」王老前輩無限惋惜地說：「蹉巧那位何姓女士也是情場失意人，兩人一拍即合，那夜喝多了酒，相對淚垂，遂萌輕生之念。」我因為剛看過她台上的妖媚風情，心裏很不舒服，兩夜未能入睡。

除了女星，男星中那位美男子K君也是以斷背出名的。

他太帥了，不少跟他合作的女明星都想勾他，可他每每不為所動。有一個鵨他甚久的女明星，不服氣，請私家偵探去跟，這才揭穿他的花樣鏡。

早幾年，美男子去世了，報上娛樂版居然連一條小消息也沒有，人去茶涼，人情冷暖，古今皆然。

62 萬人迷林沖

六十年代香港最出名的歡場搞手張飄零，夥同大老闆把「翠谷」佈置成一家中式夜總會，除做晚飯消夜外，還招攬了一班台灣歌星如冉肖玲、冉巧玲、金晶等長駐演唱。我第一眼看到金晶，就被她那絕色的儀容所深深吸引。

金晶有一身雪白的肌膚、修長的大腿、一雙會說話的大眼睛，她的歌，不算出色，可一出場，必然引起全場掌聲。

我每晚到「翠谷」去，為的只是去看金晶，聽她的歌，看她的人。可惜，我當時太年輕，阮囊羞澀，面對如許出色的美人，最後，唯有學曹孟德先生一樣，「望梅止渴」了。

可世上每有「敢死隊」，我有一個朋友曰小王，年比我長兩三歲，業保險經理，月入萬餘，不自量力，死命去追求水晶美人，不但耗了金錢和時間，最後還惹了禍事，虧空公款，幾乎繫獄，幸賴我們一班朋友，東奔西跑，四出籌款，這才免禍。

這個朋友，後來去了台灣，一別四十多年，直至去年，才在香港的一家夜店重逢。他一把拉住我，額手稱慶地說「西城！我真交運，真交運！」

聽得我一頭霧水，問究竟？

左起：鮑立、李小龍、林沖、苗嘉麗、陳碧茜、奚秀蘭。（資料圖片）

朋友感喟地說：「前幾年我在台灣遇到金晶，唉！差點兒不認得她了，老了，老了！」美人遲暮，有啥出奇！朋友可不知他也老了，兩鬢添白霜，臉孔滿皺紋，哪能跟風華正茂時相比！

記憶中，張帝也曾在「翠谷」演唱過。張帝，論歌，不算突出，論外型，更不如青山、謝雷和鮑立，可幸有自知之明，改走詼諧路線，夥拍李秀齡，串演《張帝找阿珠》，大受歡迎。

張帝人稱「急智歌王」，主要是他能聽過觀眾的問題後，立即用歌唱形式說出答案，條理清晰，令人嘆為觀止。

青山、謝雷、鮑立、洪鍾，張帝，瘋魔了香港歌迷，太太團每天包枱捧場於灣畔「翠谷」夜總會，送鈔票牌、鑽戒，男歌星無不滿載而歸。

青山、謝雷雖紅，但比起另一位台灣男歌星，鋒頭可大有不逮。

他是誰？他就是歌迷王子林沖。

林沖是中日混血兒，長得俊朗非凡，尤其是一雙眼睛，發射萬瓦電光，每個女人，看到他，都會情不自禁地暈了過去。

名騎師郭子猷的夫人廖安珀第一眼看到「萬人迷」林沖，就觸了電，每夜必偕姊妹捧場，還認了林沖做義弟。

有了名份，廖安珀就更加愛護林沖，憑住她在香港的人面，林沖的名氣越來越響，入息也就越來越高。

義姊義弟之間，傳出了緋聞。最後，廖安珀跟郭子猷離了婚。

離婚後的廖安珀，並沒有跟林沖在一起，她着力於事業的發展，七十年代在彌敦道上開了一家叫「國際俱樂部」的夜總會，這是香港第一家最高級的日式夜總會，小姐包括了港、日、英、美等佳麗，在當時的夜遊界中，可謂絕無僅有。

廖安珀為人「圓滑」，有大家姐風範，我去捧場，她都會命侍者送上沙樽拔蘭地。轉眼，廖姐姐已過世多時，「國際俱樂部」亦已煙消雲散。

後記：廖安珀後來去了台灣，下嫁林沖，夫妻恩愛，十多年前已去世。

63 可憐的名歌星

八七年的夏天某夜，朋友約我到灣仔一家夜總會吃飯。同席，有位廖姓女歌星。當時，她才自殺不遂離院不久，臉色有點蒼白，坐在我隔壁，默默無言。

恰巧，有賣花女郎走過，我就順手買了一株玫瑰，送給她，作為歌迷對她的敬意。

她接過花，感動得流起眼淚來，哽咽地說「謝謝你！謝謝你！可惜醫生不讓我唱歌，不然，我一定唱給你聽，你喜歡聽什麼歌？」

我答以《情人的眼淚》。

她「呀」地一聲，感喟地說「這是一首好歌，我可沒潘姐唱得那麼

潘秀瓊的《梭羅河之戀》，最是周郎相思。（資料圖片）

好！」

潘姐就是南洋名歌星潘秀瓊，《情人的眼淚》的原唱者。

我對這首歌，特別有感情，有兩個原因：其一是過去的女朋友特別愛唱這首歌，她也是一個歌星，來自台灣；其次則是這首歌的作詞者陳蝶衣，是我的老長輩，聽起來，格外感到親切。

我從小對女歌星，就有一種莫名的喜愛，尤其是那些精於唱國語時代曲的女歌星。

三十年前，聽歌於「東興樓」，有一位駐唱歌星霜華，唱《月落烏啼霜滿天》、《我有一段情》和《明月千里寄相思》，直有吳鶯音的神髓。

我每夜都成了「東興樓」的座上客，為的是聆聽霜華姐的歌。基於感情轉移，因而對那位女歌星，也有了些微傾慕之意。

女歌星接了我的花，順便要了我的傳呼機號碼（那時手機還未流行）。是夜分手不久，我接到了女歌星的傳呼，要我去尖沙咀消夜。

說真的，當時，我頗有去的念頭，卻沒有去的勇氣，這真是煞費躊躇。

我漏夜找朋友商量。

朋友勸我不要去，他說：「她才自殺過，心靈空虛脆弱，你的一束花，令她燃起了希望，尤其是你太會講話，很容易就會令對方對你有好感，既然只是歌迷對歌星的傾慕，又何必去傷害人家。」

接着朋友向我訴說了女歌星的遭遇，淒淒慘慘，悲悲戚戚。歌星出身貧寒，靠先天條件，後天努力，爬上「紅歌星」的寶座。人紅了，顧曲周郎漸多，拜倒石榴裙下的男人多如天上繁星，千挑萬揀，選了個警界男友，滿以為幸福可期，豈料多情偏遇薄倖，人財皆空。「不是第一次自殺了，服毒、割脈都試過，今趟從樓上跳下去，僥倖不死，卻摔碎了盆骨，起碼要休養半年，你嘛！最好不要去惹人家！」朋友善意的勸說。

我於是沒有去。

女歌星後來又傳呼了我幾趟，我沒覆，事情不了了之。

不久朋友告訴我，女歌星的感情生活再度觸礁，十分悲慘，遭無情漢玩弄後又被拋棄。

我聽了，不禁黯然神傷。這二十年來都沒聽她唱歌了，不知近況安好？

64 兩相依

娛樂圈中的男女，離離合合，司空見慣，可合了甭離，則不在多有。

五六十年代，香港影壇有一名絕色尤物厚蘭，昵稱小夏。

小夏是混血兒，皮膚白裏透紅，像剛熟的桃子，身材更是誇啦啦，玲瓏浮突，沒得話兒說。

卅八，廿三，卅六，在那個年代，咱們最美麗的動物「叉燒包」張仲文也自嘆弗如。

她一連拍了幾部占士邦式的打鬥電影，賣座不俗，男性影迷個個視她為夢中情人。

她的性感海報，更是不少男人收集的對象，這時期，小夏已成為了影壇寵兒。

美麗的性感尤物，上帝創造的女人，裙下自然有成千上萬的追求者，奇怪的是小夏卻不為所動，正如《毛毛雨》裏唱的「毛毛雨打不動她的心」。

聽說有一個地產豪客，託人請她吃晚飯，出手五卡啦鑽石一顆，小夏一聲「奴家不依」，斷然拒絕。

又有一個做皮革生意的億萬紳士，聲明只要小夏能陪他渡過一個良宵，就奉送半山豪宅一層，面積逾二千呎。

住得安穩！」人人都以為小夏會意動，豈料小夏卻說：「我這個人最怕山上多霧，還是平地舊房子

咦！難道小夏嫌錢腥臭？

當然不是，因為在她心中，有一樣比金錢還珍貴的東西——愛情。

小夏有一個男朋友阿于，他比她的生命更重要。

阿于也是個明星，可限於外型，星運一直半紅半黑，無法冒頭，只好改做導演，豈料成績更差，由是怨氣沖天。

小夏愛郎情深，存心拖他一把，每有老闆找她拍戲，例必附一條件說：片酬多少我絕不計較，但必須找阿于當導演。

你猜老闆怎樣說：夏小姐！你提一萬個條件，我都答應，就是這一條，請阿于當導演，我可有點為難了！

結果戲自然拍不成。

由於小夏的堅持，電影老闆們只好望門卻步，結果小夏變成無片可拍，而阿于也只好賦閒在家。

那些覬覦小夏美色的臭男人，以為有機可乘了，舊事重提，卻仍然是碰了一鼻子的灰。

小夏窩着阿于，世上的名利不在她心裏，兩相依，活在睡夢裏。

夏厚蘭出演《牡丹花下》，多少男人願做花下鬼。（資料圖片）

後來阿于得了癌病，小夏衣不解帶，一直陪伴在側，直至他撒手人寰。

有人為她不值，奇而問之：小夏！你喜歡阿于什麼？既不英俊，又沒才華！為啥死跟着他呢？

小夏嘆了口氣，用上海話說：哎喲！儂弗曉得嘞！爾弄得我好舒服啊！格種寫意，儂弗試過，永遠弗會曉得哉！

可見男人功夫好，女人吃脫死！

65 不朽名曲

今夜月色明，往事浮心田。

多年前，大律師兼女作家翁靜晶給我一通電話叫苦，說寫文章，弄錯了名字，馮京作馬涼，把歌星「董佩佩」誤作了「金露露」。

唉！我的天老爺！大妹子！你搞什麼鬼！

金露露是杜國威先生創作的話劇《我和春天有個約會》裏的其中一個女主角的名字，是虛構人物，而董佩佩呀！卻是一個實質存在的人物。

六七十年代，董佩佩是香港樂壇知名歌星，她的嗓子清脆婉轉，有如出谷黃鶯，因而贏得了「小周璇」的雅號。

董佩佩仿唱周璇的歌，幾可亂真，尤其

灣畔的巴喇沙，源自舊日的巴喇沙舞廳。董佩佩晚年鬻歌於此。（資料圖片）

是一曲《拷紅》，仿真度高，足令人聽出耳油。

我最喜歡聽她唱《月圓花好》，直有青出於藍之感。

不過，真正令董佩佩紅遍歌壇、家喻户曉的，可不是她模仿周璇，而是作曲大師姚敏精心創作的《第二春》，她運用天賦的美妙歌喉，把《第二春》唱得婉囀輕快，有如雲飄，顧曲周郎聽來，莫不拍爛手掌。

《第二春》有英文版，名《叮噹Song》，由Lionel Bart作詞，朋友告訴我，這是第二首中國作曲家寫的歌曲被荷里活採用，當年哄動整個歌壇。

董佩佩因而水漲船高，一躍而為香港最紅的女歌星。

可董佩佩踏入中年之後，不知何故，歌藝明顯停滯不前，年事高，中氣不足，唱起來上氣不接下氣，輒為捧場者詬病。

大場站不住了，只好淪落小場子，到我再遇董佩佩時，她已神情萎靡地蜷縮在灣畔「瓊樓」，那是一家三流的舞廳，品流複雜，人物下流，有誰會欣賞咱們的「小周璇」！

多年前，我寫了一篇憶述董佩佩的文字，悼她失意、早逝，大律師翁靜晶説一邊看，一邊垂淚，我又何嘗不然。

除了董佩佩，香港女歌星的歌廣為外國人（指英美）欣賞的，數來數去，只有一個姚莉。

無巧不成話，姚莉跟周璇也頗有淵源，她早年在上海歌壇上的綽號叫「銀嗓子」以示與周璇的「金嗓子」有異曲同工之處。

當年在上海，姚莉憑一首《玫瑰玫瑰我愛你》，紅遍上海灘，那時，她還不過是一個十來歲的小妮子。

《玫瑰玫瑰我愛你》是大作曲家陳歌辛的作品，據説是為了記念女朋友Rose（金嬌麗）而作。

後來，曲為外國樂壇所識，改編成《Rose Rose I Love You》，自此成為了世界不朽名曲。

姚莉也因這首歌，廣為人知，成為一代歌后。

前幾年，跟姚莉姐去灣畔「新世界」酒店喝下午茶，那菲律賓樂隊領班，一見到她，立即奏起《Rose Rose I Love You》。

在座的人都跟着唱，茶座洋溢一片歡樂氣氛。

久未見姚莉姐，思念得很。（姚莉於二〇二〇年仙逝。）

66 一代詞聖

前幾年，林振強英年去世，不少樂迷都為之一掬同情之淚。曾有人譽林為近三十年詞壇難得一睹的奇才，朋友以此詢我，我難以作答。見仁見智，各有所好，難有一個定論。朋友於是問我當今詞壇，誰是天才？我不假思索地說「是陳蝶衣老前輩。」年輕樂迷也許不曾聽過陳蝶衣的名字，可一定會聽過《情人的眼淚》這首歌（原唱為潘秀瓊，林憶蓮的是翻唱版）。

歌詞起首是「為什麼要對你掉眼淚，你難道不明白為了愛！」詞簡意賅，可稱絕句。我的一位日本朋友本池，對漢學、音樂素有研究，中文水平高超，一看到《情人的眼淚》起首兩句，即拍腿道「此乃大漢天聲，必成絕響。」

《情人的眼淚》是音樂大師姚敏五十年代在香港時的得意傑作。曲譜成，試彈一遍給胞妹姚莉聆聽。姚莉一聽旋律，喜歡到不得了，不待奏完，忙說：「哥哥！這首歌，你交給我，讓我來唱吧！」

滿以為姚敏會像以往那樣，一定會一口應承。

豈料姚敏聞言，輕輕搖了一下頭，道：「不！小妹！這首歌不合你唱！」

姚莉聽了，有點不悅：「哥哥！你是說我唱不來？」

姚敏搖頭說：「不不不！以你的歌唱天分，有什麼歌難倒你！」「那你為什麼不給我唱呢？」姚莉負氣地問。

姚敏吁口氣，解釋：「這首歌，滄桑味濃，我想找一個嗓音較低的歌手來唱！」

於是選中了星洲歌后潘秀瓊。而

（左起）甄秀儀、吳靜嫻、陳蝶衣、姚莉、鄧麗君。（資料圖片）

潘秀瓊亦是靠了這首歌，聞名天下，盛名至今不衰。（後來姚莉才知道哥哥姚敏是要捧學生潘秀瓊，這才讓潘唱出此曲。）

有好曲，須有好詞，這才可收牡丹綠葉之妙。

於是作詞任務落到了詩人陳蝶衣肩上。

他大筆一揮，歌詞迅即填好，姚敏一看，大聲叫好。

這詞好在哪裏？

好在一個「簡」字！人人看得明，人人看得懂，那是情意連綿，浪漫悱惻，感人肺腑。

前幾年，香港樂壇頒了「終身成就獎」給陳蝶衣，對他而言，這可真是「遲來的春天」，像他那樣優秀的作詞家，早就應該得到肯定，可惜的是終其一生，蝶老名成而利不就，這真教人感到可嘆！

最近我在家裏聽舊歌，聽了不少蝶老填詞的歌，像《我有一段情》、《春風吻上我的臉》、《鳳凰于飛》，真乃天下第一好歌詞，稱他是「一代詞聖」，當不為過！

67 艷星余莎莉

我認識一個拍三級電影的女明星，不算紅，可賺了不少錢。

我遇到她的時候，只在灣畔「翡翠城」夜總會唱茶舞。

那家夜總會的經理小俞介紹她到我主編的雜誌《花花公子》拍寫真。臉孔不算太漂亮，勝在身材豐腴，在流行大哺乳的時代，的確能引人入勝。

她本名葛菁，管拿來做藝名叫不價響，我就替她改了個名字，叫秦虹。果然畫出了彩虹，不到一年，秦虹在深圳買了房子，成為了小富婆。

秦虹有了點名氣之後，有天夜裏，向我展示了弦外之音，我佯作不懂，她並不是我那杯茶。她笑着說：你是我來香港後，遇見的最好的一個男人！聽之實在有愧。

拍電影，並不一定要有永恒的名氣，只求短暫的實利，一般女人已心滿意足。

明乎此，就不難了解為什麼女人有膽拍三級電影了！

七十年代繼傅儀、莎莎之後，又出現了丹娜、邵音音、胡錦、貝蒂、艾蒂幾個惹火尤物，沒有傅儀、莎莎那麼大膽，勝在夠媚夠騷，令男人心癢難熬。

不過無論怎樣說，給我印象最深刻的艷星，誰也比不上余莎莉。

前幾年看報，知道余莎莉在蘭桂坊販賣人工首飾，不由想起了一段往事。說出來，你不會相信，我由始至終都不曾見過余莎莉，可以說，根本不認識她，然而為什麼我會對她印象深刻難忘呢！這裏面有一段故事。

七十年代中期有一段日子，我常到導演李翰祥家裏串門子。李導演的家，在清水灣「松園」，是一幢兩層高的洋房，裏面亭台樓閣，活像一個小型大觀園。

不過，令我感到興味盎然的，卻是那個建在頂樓上的書房。書房裏，古靈精怪的小玩意可不少，除珍貴古董外，李翰祥還收藏了不少精緻的性玩意，有從日本買回來的，也有從歐洲一帶收集得來的，總之，件件皆精品，令人愛不釋手。

書房一側，便是李導演的剪片房。（李導演一向有自己剪片的習慣。）他告訴過我，拍好的片子由自己親手剪，有一份親切感，而且還可以邊剪邊改。

那天，我去到書房，正看到李導演在剪片子。還道是什麼新片子，隨口問了一句。李導演笑呵呵地說「不是新片子，昨天我替幾個新妞兒試了鏡，片子沖出來了，我在看，來來來！你要不要看看呀！」

其時，李導演正在大拍風月片，什麼《騙術奇譚》啦！《聲色犬馬》啦！都替邵氏賺

香港艷星余莎莉的父親余程萬，是1943年抗日最慘烈的常德保衛戰國軍57師師長，因張恨水首部抗戰小說《虎賁萬歲》而有「虎賁將軍」之譽。（資料圖片）

了錢。

我一聽有妞兒看，立時心花怒放！李導演把試片放給我看，主角都是美麗女演員。第一二個，平平無奇。

到第三個，甫出鏡，我呆住了。那種異乎尋常的艷光，我從不曾見過。李導演見我癡癡發呆，問：「這個怎樣？」我一口氣連說了五個「好」。李導演就說「好！那我就挑這個做我新片的女主角了！」這個艷光四射的妞兒，就是余莎莉！

余莎莉哪會知道推薦她進影圈的，並不是李導演，而是我這個小伙子！今天我就告訴她這個藏在我心中三十多年的秘密！

68 「雲華」酒店的滄桑

前輩韋基舜大哥有鴻文記述五六十年代、北角夜生活的繁華情況，文中說到「雲華」酒店，順帶提及老闆黃展雲，這就勾起我無窮的回憶。

黃展雲先生是我的世伯，也是家父的老拍檔。

上世紀五十年代，他夥同家父和嚴雲龍世伯，在灣仔鵝頸橋洛克道一幢三層高舊樓，創立了「上海益新營造」公司，為香港基建工程提供服務。

「益新」為當時香港三大建築公司之一（其餘兩家為葉庚年的「新昌」，車炳榮的「保華」），由於都是上海人經營，故有上海三大

北角「雲華」三巨頭：前排左一為作者父親葉宗芳，左五為董事長嚴雲龍，左六為總經理黃展雲。（作者提供）

建築公司之名），業務範圍廣衍，包攬了機場跑道、電話公司發射站、中華電力公司和半島酒店的維修，賺了大錢，因而三大股東雄心勃勃，決意在北角英皇道上開設「雲華」酒店，以添市面繁華氣象。

「雲華」酒店是一幢六層高的建築物，矗立在英皇道上（皇都戲院斜對面，今「雲華」大廈舊址），在當時可算是十分氣勢磅礴。

「雲華」酒店，地下是西餐廳兼夜總會，二樓為粵式酒樓，三樓以上就是供人租用的房間。

地下西餐廳，在晚上九點後，便搖身一變，易為夜總會，有樂隊和駐唱歌星。

五十年代，有名震一時的「小雲雀」顧媚在場裏獻唱。

顧媚的歌，在當時的歌壇是首屈一指的，演唱情歌，聲色圓潤清脆，有如出谷黃鶯，因而華燈初上，場內高管柔絃，裙屐如雲，顧曲周郎齊來捧場。

「雲華」酒店地下面積很大，夜總會無法包容，因而將其另一半租與了「燕雲樓」。

「燕雲樓」做的是北京菜，拿手菜「北京填鴨」著譽當時；它仿「雲華」酒店，晚上十點後，改開夜總會，招徠顧客。

五十年代末、六十年代初，駐唱「燕雲樓」的女歌星中，最有名的是「金魚美人」崔萍。

因何叫「金魚美人」？

乃當伊人之眼睛的溜滾圓，閃閃生光，明亮一如金魚之目。

崔萍的首本名曲是《今宵多珍重》，王福齡撰曲，填詞的是鳳三阿哥——「南風吻臉輕輕，飄過來花香濃……」這幾句曲詞，鳳三阿哥引以為平生傑作，九十年代中後期共樽前，必然會輕哼兩三句，其得意之狀，今猶在眼前。三哥已於零八年去世，前輩文人又弱一個。

「雲華」酒店開張後一直賺錢，適值那年代地產起飛，三個老闆於是計劃拆卸舊廈重建，並由滙豐銀行貸款包底。

三大老闆，雄心壯志，滿以為鴻鵠將至，大有機會晉升千萬富豪（那年代千萬已是巨富）。豈料甫拆卸，還未重建，卻遇上「六七」暴動。

香港市面蕭條，百業俱廢，哪有人買樓？

「雲華」酒店重建後的「大廈」，終落在銀行之手。

先父生前慨言「人生的一飲一琢，皆係前定。」父親離世已二十八年，嚴、黃兩世伯亦成古人，世事蜩螗，莫此為甚。

69 早逝的小歌后

「都城」酒樓有夜總會之設，晚上七八點晚宴開，有音樂相伴。既有音樂，自然有歌星，而歌星中尤以女歌星最為顧曲周郎、白頭名士所喜。記憶中，「都城」夜總會最受注目的女歌星，便是方靜音。

方靜音原名王敏霞，浙江杭州人，年少家貧，讀書不多，又因家中食指浩繁，很小便出來社會做事，有一段時期她在舞廳貨腰，日夜接觸音樂，愛上了唱歌。起初靠聽電台學歌，「哼哼哈哈」地唱起來，卻也中規中矩，後來拜師學藝。她擅長模仿，那年出名的女歌星，如姚莉、張露、梁萍，她都能學得維肖維妙，幾可亂真。

一次因緣際會，方靜音踏足歌壇，她那迹近天籟的歌聲，很快吸引了捧場客的注意，小報記者捧她為「時代曲小歌后」（大歌后為張露），聲名之盛，一時無倆。

「都城」夜總會的主政黃瑞麟，是一個極擅經營的人，眼看歌壇出現了奇葩，哪肯放過，於是高薪禮聘方靜音進駐夜總會，為捧場客獻歌。

五、六十年代，北角夜市很興旺，區內夜總會早有三家，即「都城」、「雲華」和

「麗池」。

除了夜總會，尚有各式食肆，為夜遊人士提供口腹之便，上海菜有「四五六」菜館，北京菜則以「燕雲樓」稱雄。

還有北角道的著名大牌檔「花園」飯店，所售鯊魚羹，膾炙人口，夜裏十二時敲過，不少名車泊於路旁，司機下車，為僱主爭買熱騰騰的鯊魚羹。

鯊魚羹是否好吃，見仁見智，我曾嚐過，不過爾爾。

方靜音名曲《賣湯圓》CD 封套。（資料圖片）

方靜音並非長駐歌星（每夜還要唱其他夜總會），一晚大約唱六七隻歌，最著名而又動聽的，有《香蕉船》和《賣湯圓》（此曲由姚敏作曲，陳蝶衣填詞）。

這兩首曲，如今在「卡啦OK」裏仍可聽到，尤其是《賣湯圓》，輕快的牛仔舞節奏，配合的篤板敲聲，別具特色，而方靜音那獨特帶些微鼻音的演繹，亦為這首時代曲生色不少。

方靜音越來越紅，歌聲傳遍台灣、星馬。五六年還參與電影《桃花江》演出，獻唱《龍燈與風箏》，令她紅上加紅。

本來方靜音如果這樣一直唱下去，她的成就一定不會輸給她的老前輩姚莉、張露和梁萍，可惜天妒紅顏，五九年十二月七日在青山道一場奪命車禍中，方靜音不幸傷重死亡，死時年僅二十八。

原來方靜音有一個譚姓男朋友，對她關懷備至，每遇假期，輒駕車郊遊。那趟駛至青山道，不幸撞車，駕車的男朋友僅受輕傷，而方靜音卻撞到要害，搶救罔效，一代小歌后從此香消玉殞，令人嘆息。

「都城」夜總會的歌星，除了方靜音，還有方逸華。

方逸華人多喜叫她英文名「夢娜」，唱英文歌，聲沉帶磁性，是所有女歌星中唱英文歌最好的歌星，她的《花月佳期》，真是一絕，不過我最喜歡的還是她的國語時代曲《船》，唱來幽怨悲愴，無人可及。

還有一位叫丹琪的歌星，是我母親的姊妹，常來我家，論歌平平，可姿容清逸，別有風味，因而捧場客亦眾。

70 樂隊憶往

六十年代，中式夜總會流行，各夜總會爭相聘請名歌星助陣，一時之間，張露、靜婷、方靜音、崔萍成為樂壇寵兒，身價大升。

有歌星，自然要有樂隊相輔，一向收入平平無奇的「洋琴鬼」，小鬼升城隍，各方合約源源而至，應接不暇。

那時，香港的樂隊，分菲籍和華籍兩幫。

菲律賓人天生雅好音樂，人民十居其九有音樂細胞，我的老朋友占美，在菲律賓僅是二流琴師，到了香港，卻成為頂尖兒樂手。

占美彈得一手好結他，跟我投緣，時想傾囊相授，可惜我性懶，學不來，只好改打「喳喳」，難怪占美一直對我有所怨懟，罵我是「懶鬼」。

由於菲律賓人音樂造詣高，各大夜總會都樂意聘用，日長時久，遂成香港樂壇主流。那時最有名氣的菲律賓樂隊是「奧利」樂隊。

奧利是一流鼓手，本在「都城」夜總會獻技。「麗宮」夜總會開幕，他蟬曳殘聲過別枝，且很快便把「麗宮」的生意額推向高峰，成為「都城」的勁敵。

奧利是「中國歌后」張露的丈夫，兩人結婚，生了兩個兒子，後來都成為著名的歌手，他們便是杜德智和杜德偉。

華籍樂隊，那時在夜總會老闆的眼中無疑是次一級的樂隊，薪酬不高，地位也稍低。黃瑞麟世伯曾經說過「一家夜總會如果沒有菲律賓樂隊助陣，就不能說是一流夜總會。」由此可見當時菲律賓樂隊地位的輕重。

一隊大樂隊，至少七個人，計鼓手一人，結他手三人，鋼琴師一人，色士風一人，長簫一人。考究的還添小喇叭手和南美鼓鼓手各數名，因而有時候，一隊大樂隊人數往往多達十人以上。

如此龐大陣容，在樂台上一站出來，已收先聲奪人的效果，唱歌的歌星也因而有所感染，情緒亢奮，把歌唱得更好。

菲籍樂隊獨佔鼇頭，華籍樂隊長期屈居異族之後，自然積屈難消，怨憤之聲鑫起。

顧媚不僅歌醇、畫雅，文亦佳。（資料圖片）

世事難料，也無絕對，到了六十年代末期，華籍樂隊終於掀起革命。

掀起這革命的人，便是顧嘉煇。

顧嘉煇是著名女歌星顧媚的弟弟，江蘇蘇州人，自幼喜歡音樂，南來香港後，為生活，做了鋼琴師，在「夏蕙」夜總會率領一個樂隊，長駐演出。

顧嘉煇有個老拍檔陳伯毅，是樂隊的大提琴手，九十年代中，跟我成了莫逆之交，他告訴我若不是有顧嘉煇，華籍樂隊很難在樂壇上佔到一席位。

顧嘉煇是著名女歌星顧媚的弟弟。（資料圖片）

因為有了顧嘉煇樂隊的冒起，影響所及，其他華籍樂隊都紛紛湧了上來。

屈指一數，就有「徐華」大樂隊，「冼華」大樂隊，「文就波」大樂隊和「馮華」大樂隊等等。

這些樂隊大多能獨當一面，彈奏美妙音樂，到了七十年代中期，已能跟菲律賓樂隊分庭抗禮矣。

71 低音歌王

那一夜，到尖東喝喜酒，走過新世界酒店舊址，不禁浮想聯翩。

八十年代，我跟阿莊、老八三個人，一起為電影公司寫劇本。分工合作，我提供故事，阿莊負責分場，最後由老八執筆。

初稿完成，三人分閱，各提意見，加以修改，然後奉呈電影公司老闆監閱。通常都要寫第二稿，就由我負責執筆。

那年代，電影公司的老闆大多是江湖人物，拍電影，賺錢第二，洗錢第一，所以要求不很高，但劇本難寫，乃是因為閒雜人等太多，每愛提意見，老闆耳軟，就須多次刪改，這就苦了咱們三位「大」編劇家。

編劇費本不多，我因編了《龍虎風雲》，獲金像獎提名，劇本費有五萬，其他還未冒頭的編劇，劇本一稿，二稿，三稿的寫，薪酬僅得二萬，還得分三期收取，往往尾期爛尾。

有五萬，不錯了，但我們三個人分，我拿一半，阿莊、老八拿剩下的一半。

通常首期一萬到手，三個人便會聯袂尋歡減壓。

到哪裏去？

尖東遊樂的地方可真多，粗略一數，便有「大富豪」、「大都會」、「中國城」、「富都」、「富城」、「花都」、「吉百利」，都是高格的日式夜總會，裏面美女如雲，任君挑選。

老八提議去「吉百利」，那是因為他有一個「老朋友」在那裏當經理，有免費酒可喝。

那「老朋友」便是鍾亮。

鍾亮是誰？相信讀者們大多不會知曉了。

鍾亮是六七十年代香港樂壇最著名，也是最出色的低音歌王。他唱《白色聖誕》，可媲美冰哥羅士比和法蘭仙納杜拉。

如眾週知，論唱歌，高音不難，低音難度最高，此所以世界樂壇多高音歌王，而乏低音歌王。

七十年來，外國最著名的低音歌王，非冰哥羅士比莫屬。而中國則有斯義桂，他的一曲

當年位於尖沙咀科學館道的大富豪夜總會外觀。（資料圖片）

由劉半農先生作詞、趙元任先生作曲的《教我如何不想她》，是低音絕唱。

在香港，即使到了現在，也沒有男歌星比得上鍾亮。

六十年代末期，我曾在夜總會聽鍾亮唱歌，《白色聖誕》、《某個微笑》，都令我聽得悠然神往，不忍遽去。

聽得老八跟鍾亮相熟，當然不反對去「吉百利」。

「吉百利」在尖東只屬二流日式夜總會，論裝潢、場面，不及「大富豪」和「中國城」，卻勝在招呼親切，小姐質素不俗。

老八引鍾亮來坐，一經傾談，真乃相逢恨晚。鍾亮豪情勝慨，開了一瓶藍帶共飲，酒罄，還想再開，我已不勝酒力，出言阻止。

鍾亮說：「人生難得幾回醉，酒逢知己千杯少，來！兄弟！我們今夜盡醉！」結果美人在抱猶可棄，手拏酒瓶醉街頭。

彈指間，這已是三十多年前的往事了，鍾亮因癌症早已駕鶴西歸，可他的歌聲，仍猶縈繞在我耳邊不能去。

72 哪有純純的愛！

許多年前，怕有三十多年了吧！香港影壇發生了一件驚天大事，一個當紮的男明星，忽然自殺尋死。

消息傳出，哄動全港。所有傳媒紛紛出動，追查事件的來龍去脈。

當時，我負責一家週刊的編務，收到消息，立即指派手下記者和攝影記者，趕赴現場採訪。

週刊原已鐵定第二天出版，所有內容已編好，版面也弄妥，只等上機，男星自殺的新聞雖哄動，按程序，也只好留待下期刊出。

可我靈機一動，自作主張，下令廠房不要印書，抽空幾版刊登特別新聞。

此舉引來印刷部和編輯部的不滿，他們認為不必趕，因為明天自有報紙刊登，犯不着跟人爭風。

我卻不那麼認為，新聞重快與準，豈可不爭？

也許我是主編，他們只能買我的帳！

這段有關男星自殺的消息，在眾志成城的努力底下，終於在翌日出版的週刊上發佈。

只一個上午，就賣光。

今天提這件事，並非要在自己臉上貼金，那是大家努力協助的成果，哪敢居功？重提舊事，只是想告知大家這件事的真相。

當年幾乎所有報章雜誌都認為男星是為情自殺，因為跟他「拍拖」良久的女星，並不願意下嫁於他，甚且蟬曳殘聲過別枝，黏上了豪富。男星心有感觸，苦似黃連，就求一死解決。

於是，這件事就這樣過去了！

事實是否如此？

隔了半年，在一趟江湖人物的聚會上，我聽到了一則小道消息，事情的真相是這樣的——

男星雖然英俊不凡，可轉拍電影，片片仆直，因而得了「票房毒藥」的「雅譽」。男星心灰意冷，想從此不再拍電影，退歸公仔箱，做他一線男藝員。

就在這時候，有家電影公司的女老闆來找他，邀他拍戲。薪酬雖不高，卻是當一線男角，還特意找編劇為他度身定做角色，務求把他捧上青天，成為香港一顆閃熠熠的大明星。

男星聽得心花怒放，忙不迭的簽約。

女老闆並無食言，簽了男星後，便在報紙娛樂版上發動宣傳攻勢，力捧男星。男星的知名度瞬間飈升了不少，不由沾沾自喜。女老闆待他真好，不惜把自己的「勞斯萊斯」作為男星的出入座駕。

名車在身，男星身價倍升，隱隱然將是明日發光的星。

一個是成熟、風韻醉人的少婦，一個是血氣方剛的英俊青年。男與女，哪有純純的愛！

於是……（下略二十字）

紙包不了火，水透出了油。東窗事發，女老闆的老公抓住了男星，開出兩個條件，一是吃「米田共」；二是敲跛一腿，二者擇其一。

男星怕成瘸子，只好挑吃「米田共」，於是就成為了「自殺」事件。

是耶非耶，姑妄言之，姑妄聽之！

我只知道，從此男星的心定了下來，三十年來未聽聞他有任何「緋聞」。

73 唯美女星

何藩的唯美攝影和電影。（資料圖片）

八十年代初，何藩開拍「唯美」電影。什麼叫「唯美」？說穿了，很簡單，就是一切包括人和物，都以美為主。

這是咱們大導演何藩的解釋，別有用心之徒，對「唯美」電影的詮釋，就是「色情」電影。

我初識何藩，緣於他的沙龍攝影，他所攝的「人像」，朦朧飄渺，意境高遠，在國際沙龍影展上，奪獎無數。

在香港，提到攝影大師，怕只有他和陳復禮兩人了。

後來因緣際會，在宴會上碰上頭，攀談甚歡，成為好友。

何藩有一張「開麥拉」臉孔，可當小生，因此「邵氏」開拍《西遊記》時，就選他來演唐僧，唇紅齒白，面如冠玉，可謂深慶得人。

這位唐僧，可不願當明星，他喜歡做導演，在他來說是「攝而優則導」，有了超凡的攝影技術，就想到當導演了。

何藩第一部電影是《春滿丹麥》，拉隊到丹麥拍，北歐嬌娃，身形豐腴，曲線玲瓏，吸引不少香港觀眾，因而賣座大盛。這就加強了何藩從導的決心，電影一部一部的拍下去，最後成了香港的「唯美」電影大師。

那一年，約是八二年吧！何藩一天給了我一通電話，要我當臨時日語傳譯。我不假思索就答應了，豈料險些兒出醜。

要知翻譯跟傳譯不同，前者可用時間思索揣摸，後者要即場快捷反應，如果對方言和專業名詞不熟，很容易出洋相。

原來何藩那次要拍一部港日合作的電影，女主角是兩位日本艷星，一是新藤惠美，那是香港人熟悉的日本女星；另一位叫小田薰，在香港寂寂無聞。

小田薰的日語，一來說得快，二來鄉音重，有些我聽不懂，哪如何傳譯？窘得我幾乎想找個地洞鑽進去。幸好「邵氏」的老日本戴先生在場，即時替我解了困，到如今，我還很感謝這位老前輩，他的日語太好了，尤勝正宗日本人。

在這部電影裏，新藤惠美的戲份重情不重慾，唯一一場跟男主角陳惠敏的情慾戲，也是兩點不露、點到即止，脱得「唯美」的任務，落在小田薰身上。

小田薰個子不高，平日説話也是陰聲細氣的，論外型，一點都不顯眼。我心裏想，憑她這樣的條件，怎夠格演何大導的「唯美」角色？

可到何藩一聲「開麥拉」叫過後，小田薰的演出，令我大大吃一驚，她在床上，赤身裸體，毫不忌諱，反之，演出投入，表達內心烘烘慾焰，可謂七情上面，令旁邊的工作人員都為她而要烘動春心了。

三點畢露不奇，奇在一個鏡頭拍完等待下一個時，小田薰仍然衣不蔽體，光着身子穿插在一班工作人員當中，毫無忸怩，更無畏羞。

後來，我有機會跟小田薰吃飯，問她為何要拍「色情」電影？

她杏眼一睜，牢牢盯住我的臉孔，好像十分奇怪我會問這樣的一個問題。半晌，她笑笑回答：「沒什麼原因，這是我的工作呀！工作就要熱誠和投入，沈様！你説對嗎？！」

74 酒廊談往

七八十年代，除了舞廳、日式夜總會、歌廳外，冶遊人士的好去處，還有「酒廊」。那時候是酒廊全盛期，港九旅遊區，五步一樓，十步一閣，消費貴廉俱有，任君選擇。

我那時，喜歡到銅鑼灣夜遊，最常去的地方，就是「第一夜總會」，在一座大廈的二樓，樓下還有一家夜總會叫「黑天鵝」，規模小了一點，小姐的質素，差距也頗遠。靠在「第一」旁邊的大廈是湖邊大廈，樓下開了一家酒廊「金杯廊」。先不講「金杯廊」，講「湖邊大廈」。

這「湖邊」大廈本來藉藉無名，後來發生了一宗情殺案，才引起了人們的注意。情殺案的死者叫唐愛倫，兇嫌則是香港名人簡公子。他怒恨唐愛倫移情別戀，狠下殺手，殺死女友。這件案子在當時的上流社會引起了很大的哄動。

簡公子後來定了罪，他的弟弟卻做了明星，藝名高烽，在許多粵語殘片裏，還可以看到他的演出，憨憨厚厚，一副老實人的樣貌。

「金杯廊」乃足球名將駱氏兄弟所開，兄駱德興是有名的後衛，弟駱德輝則司職防中，踢法瀟灑利落，是香港代表隊的成員。

舊時香港大型酒樓夜總會，必有二人以上的駐唱女歌星。（資料圖片）

我一個星期大約有兩三個晚上在「金杯廊」喝酒，主要原因除了嗜酒，還有一項任務——等候女朋友下班。

女朋友邢慧那時在「第一」上班，她喜歡叫我去等她下班，於是凌晨一時左右，我便獨個兒去「金杯廊」泡，也許去得多了，引起了駱德輝的注意，主動跟我聊天。

話匣子一打開，便沒完沒了，他很驚奇我對香港足球的認識，因而談得非常投契。

那時候，陳國雄是南華的名後衛，跟駱德輝是隊友，我告訴他陳國雄是我的學生，七十年代中期，我教過他幾個月的日語。

駱德輝聽了，連忙說要安排我再見陳

國雄，謝謝他的美意，我也很想再見陳國雄，可是後來未道何故，沒安排好，未能與好學生見面，至今猶耿耿。

「金杯廊」是純酒廊，打碟播歌，沒有歌手，場面較淡靜，適合三數知己低飲淺酌，跟正宗酒廊一比，氣氛就大有不如了。

「第一」樓下，後來開了一家中型酒廊，不獨供酒食，還有歌星演唱。

酒廊的歌星以節計秀，一節四十五分鐘，約摸要獻唱二十條歌才能應付觀眾的需求。通常，到酒廊聽歌的顧客，知識水平都不會太高，因此歌星選歌要通俗，切忌高級，英文歌曲尤其要少唱為宜。

八十年代最受歡迎的酒廊歌手，男的是李龍基。他每夜要起碼走三四個場子，可幸那時已有了海底隧道，否則不累死他才怪。

李龍基以外，女歌星中，呂珊也很出名。

呂珊是童星，七八歲時已在尖沙咀的夜總會獻歌，他的爸爸呂永是詞曲好手，呂珊幼受庭訓，唱歌底子打得紮實，加上作風豪邁友善，極具親和力，宜乎在酒廊鬻歌。

75 酒廊女歌星的辛酸

酒廊的客人，品類複雜，晚飯時段尚好，一過子夜，夜貓「紛紛蒲頭」，江湖人物有之，各式撈女有之，形形色色人物都有，獨欠正派男女。

這班客人來酒廊的目的，聽歌事小，喝酒猜枚事大。

因此在酒廊裏獻歌的歌星往往會遇着類似如下的場面：你有你在舞台上拚命唱歌，唱得戮力投入，可台下大部分的男女客人，他們只顧喝酒、划拳，什麼「十五二十」、「發你個財財」、「叭支笛笛，烏支笛笛」，聲浪之高，不獨蓋過歌星的歌聲，還淹沒了樂隊的奏鳴。

我有一個女歌星朋友方鳴，本來是在「翠谷」夜總會唱歌，收入不夠開支，有人介紹她到銅鑼灣的歌廊去唱，第一晚登台，就遇到了尷尬事。

有一個粗漢，寫了一張點歌紙要求方鳴唱《月落烏啼霜滿天》。

方鳴一看，登時呆了，別說不會唱，就連歌名她也沒聽過，咋辦？惟有跟樂隊領班說了。

領班説這是吳鶯音的冷門歌曲，教她先向點歌的粗漢致歉，跟着唱另外一首《明月千

(由左至右) 艾力，劉韻，夏丹，顧媚，沈西城，米高

2014年12月，作者(右二)與相識數十年的歌星朋友攝於銅鑼灣富聲酒家。(作者提供)

里寄相思》代替。

這個替換方式，司空見慣，於是方鳴便在台上說了：「謝謝點歌的那位先生！這首歌《月落烏啼霜滿天》我不懂唱，對不起，我唱《明月千里寄相思》給你聽，好嗎？」

滿以為粗漢聽了一定說「好」（大多數客人都會接受代替），豈料那粗漢雙眼一睜，大力拍了一下枱子，粗聲粗氣說：「不行！《月落烏啼霜滿天》也不會唱，當什麼歌星！今晚你一定要唱這隻歌！」

方鳴窘住了，如何是好？急得她幾乎想找個地洞鑽進去。

由於粗漢滋鬧，許多好事的客人也跟着起哄，大聲叫囂，場面混亂，一發不可收拾。

酒廊出現了這種情況，只有兩個解決辦法，一是報警，二是由「睇場」出面拆解擺平。酒廊當然選擇了後者。

兩個彪形大漢走到粗漢面前，雙方耳語一番，最後開了一枝XO拔蘭地平息事件。

像方鳴遇到的事件，在酒廊幾乎晚晚發生，有不少客人是特意來酒廊鬧事以滿足他們不平衡的心態，所以當酒廊歌星，並不容易。

男歌星遇到的突發事件，一般來說，總要比女歌星少，女歌星如果生得漂亮，麻煩就更多。

六十年代末，一位著名小調歌星，就被四大探長之一苦追死纏，最後只好乖乖就範。方鳴生得漂亮，男歌迷多，醉翁之意不在酒，而在色，有幾個客人，風雨不改的捧場，甚至酒廊打烊，在門口苦候，嚇得方鳴上了一個月班，就辭職不幹了。

我問過李龍基，當酒廊歌手最怕是什麼？

李龍基說「第一怕懂的歌不夠，熱門歌曲隻隻要懂，冷門的也要學，總之懂歌越多，越佔便宜。第二怕得失客人，客人在暗，你在明，所以即使遇到什麼不禮貌對待，也要忍，百忍成金。」由此可知在酒廊當歌手，實在不是什麼優差，反之，是苦事一樁。

76 大銀幕小電影

說起舊日艷星，人們往往以狄娜為首選。

我卻不以為然，狄娜並非我心目中的偶像，原因簡單，她身形不高，尺寸也不合比例，胸脯大而小腿不夠修長，並不符合「艷星」、「肉彈」的標準。

論胸脯挺而大，狄娜大大不如張仲文，這位有「最美麗動物」之稱的肉彈，胸懷「大球」，有近四十吋，實是驚人。

不過張仲文之能蠱惑萬千男影迷，亦非純靠胸前「大球」，她的媚，她的艷，她的野，才是最主要的原因。

我看過張仲文的電影《三姊妹》，有

邵氏電影明星張仲文。（資料圖片）

一場戲，她穿了泳衣沙灘暢泳，胸前雙梅幾奪衣而出，那種爆炸感、壓逼感，令少年的我幾乎唞不過氣，香港影壇嗣後再無一個艷星能具有如此誘惑力和爆炸力了。

除張仲文外，還有夷光，論容貌有所不如，身形亦有不逮，可夷光勝在有成熟的女人味。

她跟金峰合演、「新華」電影公司出品的《艇屋龍虎鬥》，全劇在泰國曼谷拍攝，穿上泰國傳統服裝的夷光，雙腿自裙叉露出，晶瑩發亮，那種挑逗力遠比大胸脯更厲害。

張仲文、夷光，都是大電影的艷星、尤物，在六七十年代，香港影壇忽然湧現了「大銀幕小電影」的風潮。

什麼叫「大銀幕小電影」？

拆穿了，很簡單，就是在銀幕上展現女星美麗的胴體，其拍攝方式和內容意識，皆迹近「小電影」。

當然在大銀幕上不可能拍到有如小電影的「劍及履及」，可繪聲繪影卻走不掉，除了女星秘處，可說纖毫畢現。

由於「大銀幕小電影」流行了，咱們影壇上冒出了不少小肉彈（小肉彈者並非指身裁小而係名氣小），其中以傅儀、米蘭等最受注目。

傅儀是小野貓型，有人說如果她把頭髮染成金色，便即是活脫脫的「香港碧姬芭鐸」。

傅儀不但演出大膽，也很有演技，可惜拍來拍去都不紅，終至湮沒。

米蘭是邵氏旗下的小演員，走正經路線不行，只好賣肉，拍了好幾部色情電影，賣座平平，終於跟傅儀一樣，很快便消失了。

其實真正令我欣賞的「小肉彈」，是白莉。

白莉是誰？怕現在沒有多少人會知道。

可在六十年代，白莉還是有點名氣的，她可說是真正香港第一代的脱星，三點畢露（秘處遮掩）。

我看過她一部飾演村女的電影（片名已忘），淡掃蛾眉，衣著隨便，性感逼人而來，她跟男演員沙灘的一場性愛戲，激烈大膽以外，還刻劃出一個長年受到性壓逼的村女，在解放時所流露出的野性。

以演技論，白莉可說是第一流的，以身材論，均勻適中，原以為她會成為一代性感天后，不知怎的，命運一如傅儀、米蘭，幾部電影之後，就影寂星沉，不知所蹤了。

晃眼五十年，白莉如在，怕已是年近七十的老婦了，倘她有緣重溫自己的傑作，真不知會有如何的感想！

77　憶「翠谷」、懷龍驤

朋友問我，六七十年代，最好玩的夜總會是哪一家？（其時的夜總會，是指吃飯跳舞的地方，有別日式夜總會。）

我不假思索，立即回答：「翠谷。」

如果那年代的玩家今猶在，一定不會反對我這個說法。以格局言，「翠谷」只不過是一家二流夜總會。

如此說，乃是第一佔地不大（原址是豪華戲院大廈的車庫）。其二裝潢也不豪華，遠遠比不上同區的「珠城」夜總會而略勝同廈二樓的「豪華樓」。第三所供應菜式，也非講究，味道平平。

這樣一家不起眼的夜總會，為什麼一下子會紅遍港島呢？

原因好簡單，「翠谷」有一個出色的搞手，他便是大名鼎鼎的張飄零。

張飄零是上海人，做過報館，因而跟新聞界善，他接手搞「翠谷」，想出兩條絕橋。

第一聘請台灣歌星來港助陣。

其時台灣文藝電影在香港興起，這種電影例必有一首主題曲陪襯，牡丹綠葉，相輔相成，主題曲往往成為流行曲，像《我是一片雲》，《彩雲飛》，《淚的小雨》，《意難忘》，無一不成為金唱片，而主唱這些主題曲的男女歌星，亦因而在台灣紅了起來。

六十年代末，香港出名的女歌星，並不太多，細細一數，也只有張露、崔萍、靜婷，可她們都有固定的演唱場所，崔萍唱「燕雲樓」，靜婷駐「豪華樓」，張露座「東興樓」，別的夜總會休想撬得動這三位天后，如果改聘二三流的歌星嘛，又怕沒有號召力，帶動不了場面。

張飄零計上心頭，轉向台灣歌星動腦筋，他認為台灣歌星薪酬不貴而歌藝超群，對香港歌迷來說，定必有新鮮感。

於是他先向青山、楊小萍「埋手」。青山的《淚的小雨》、楊小萍的《月兒像檸檬》，紅遍台灣，香港的顧曲周郎亦不少，若他倆親莅「翠谷」亮相，如何不吸引！

有了歌星陣容，張飄零又推出第二招，那就是廣事宣傳。他是上海人，請來同鄉上海四大海派作家助陣。四大海派作家乃是蕭思樓（過來人）、鳳三、何行和方龍驤。當時，蕭思樓主編《真報》副刊，方龍驤乃是《南華晚報》副刊主編，而何行和鳳三則是日產萬言的作家，地盤散佈港九各大報章。

名作家方龍驤和美艷女星上官清華。（資料圖片）

有了他們助陣，有關「翠谷」的消息，每日鋪天蓋地的出現於大小報章，那種宣傳聲勢，彌足驚人，也確實帶來實際的效益，於是「翠谷」成為了夜遊聖地。

「翠谷」的晚飯生意在十點後開始大旺，想去聽歌，最好揀在九點前去，否則必吃閉門羹。

後來因為生意大好了，要聽歌，先得訂位，我沾了方龍驤大哥的臉面，每次去都能佔得好位置，共樽前，聽名曲，賞美人，此情此景，仍歷歷在目，而方大哥作古已逾四年矣！

78 舞女明星

翻開家中的照相簿，許多舊照片裏的人物，有的已去了天堂旅行，有的已日落西山，有的已不知聞問。

世事蜩螗，莫過於此。

相簿裏，有一幅發了黃的照片，人物是一個盈盈美人，背景是青山酒店。翻到照片背後，赫然有一行字——「攝於一九六二年青山酒店」，即距今已有四十九年。

照片中的那位年輕美人，如今怕也有六十多歲了，垂垂老矣！美人遲暮，世所必然。

美人在拍攝照片的時候，身份是香港一家舞廳的舞小姐，我的世伯朱叔叔是她的熟客，常常捧場子，這幀照片，就是朱叔叔駕車載美郊遊時所攝。

那為什麼照片又會在我家裏呢？

答案很簡單，我暗暗地喜歡上這個小阿姨，便纏着朱叔叔多沖印了一張給我留念，我珍而重之，一直保留到現在。

那年我才十四歲，情竇初開，少男情懷盡是詩。

這位舞小姐，當年紅遍舞國，追逐裙下者，多如過江之鯽，朱叔叔只是其中的一個角逐者，雖然他腰纏萬貫，米爛陳倉，最後卻不幸敗在一個電影製片家手上。

論身家，製片家哪能跟咱的朱叔叔比，一家紗廠的老闆，兩間貿易公司的董事，英俊瀟灑，風度翩翩，反觀那個製片家，身形矮小，相貌平凡，以財力言，簡直是螳臂擋車；以賣相論，直如子都之於武小二。可到最後，爆了冷門，美人情歸處，竟是製片家的懷抱。

何解？何解？

原來伊人一心想做電影明星，製片家可以提供黃金機會，讓她一嘗女主角的滋味。伊人心動，蟬曳殘聲過別枝，投入了「愛」的懷抱。

於是一顆閃閃亮的明星出現了！

在六十年代的粵語電影界裏，她是最賣座的女星之一，她俏麗嬌艷，儀態萬千，演小家碧玉，OK！飾社交名花，更OK！戲路廣，演技精，一紅，紅足了二十年。

朱叔叔六十歲時，女明星方

一代妖姬白光，一曲《戀之火》，撼動男人心。（資料圖片）

四十，兩人有緣再聚於文華酒店咖啡廳，相對黯然，惟有淚千行。

如今女明星雖年華老去，風韻猶存，近日得見，談笑之間，媚態仍具，小姐！真乃人間尤物也！

五六十年代，國粵片影壇裏，有不少女星其實都是出身歡場。

近年紅極一時的男明星，他的母親就是昔日「杜老誌」的紅星，巨賈名流、王孫公子，都追逐在她裙底下。

經過一番周折，紅星下嫁名小生，成為影壇一時佳話。

過去「邵氏」公司的女明星，不少是歡場小姐，其中劉慧茹，可稱表表者，她媚而不妖，浪而不淫，正是風月電影的最佳人選。

六十年代，粵語電影圈出現了一位女明星藍夜，濃濃的成熟韻味，沉沉的磁性嗓音，迷倒了我。她曾跟張瑛演過一部電影《鬥氣夫妻》，光芒四射，直把張十四壓了下去。

朱叔叔說，藍夜是中華舞廳的小姐，因緣際會，進了電影圈，拍了幾部電影，就失蹤了。

也許是給人包了去吧！美麗的女人總會為賣油郎搶走的！

79 明月寄相思

中秋節晚上，收看中央台的《中秋晚會》，各路歌星齊集江門，跟萬千民眾「千里共嬋娟」。

我一早坐定收看，因為這節目裏有我最欣賞的男歌星費玉清登場。他是台灣國寶，天生一副柔潤的歌喉，堪稱「天籟」。

我想，若然他與鄧麗君合唱一曲，那必會是千秋名曲，百聽不厭了。可惜此夢難圓，人生至嘆。

本意只看費玉清，可香港的電視台並沒有特備節目，那個收視第一的電視台，一意播放自以為是的「劇集」，至於那個夕陽台，更糟糕！不提也罷，只好續看中央台，伴我花月良宵。

忽然費翔哥出場了，隔別十多年，英俊無變，瀟灑依然，還添了蒼桑的中年男人氣味，少了年輕時的「油狂」，反而更教人看得順眼，一曲《月琴》，搏得全場掌聲，真想不到費翔哥的歌唱得那麼實、那麼深！台灣「兩費」足可雄視神州大地歌壇，能與之比肩者，少矣！

眼前一亮，一個穿旗袍的中年女歌星登場，獻唱吳鶯音的名曲《明月千里寄相思》，不由精神一振，傾耳注聽。

女歌星唱來，雖不如鶯音姐那般的珠走玉盤，可也不賴，至少比一般香港的女歌星唱得好，尤其是那襲黑綢繡牡丹花鑲粉紅邊的旗袍，更添夜上海時代歌星的風韻，悠悠然，我以為自己坐上太空船，回到了三四十年代的家鄉——上海。

從一曲《明月千里寄相思》，我想起了跟鶯音姐的一段交往。

鶯音姐原名吳劍秋（好一個男兒名字），自少愛唱，家人反對，改名鶯音，以避耳目。一九四六年，吳鶯音參加了上海「仙樂斯」夜總會的歌唱比賽，得了冠軍，一炮而紅。她的首張唱片《我想你忘了我》，唱至街知巷聞，成為四十年代最「紅火」的流行曲，由於她的聲音帶點鼻聲，遂被稱為「鼻音歌后」，跟「銀嗓子」姚莉、「中國歌后」張露齊名。

大陸解放，吳鶯音因家庭關係沒有南下，從此，沉寂了幾近三十年。

八十年代初，大陸開放，鶯音姐來港探友，老前輩陳蝶衣特宴請她聚於銅鑼灣的「家鄉飯店」，因知我愛聽吳鶯音的歌，特邀我陪末座。

是夜，陳蝶衣、鶯音姐外，還有「通用」燈飾的「花描小汪」汪老闆、汪夫人顧女士和許佩老師。

昔日璀璨女星（左起）：白虹、姚莉、周璇、李香蘭、白光、吳鶯音。（資料圖片）

第一次見到偶像坐於身側，難免忐忑不安，想不到鶯音姐為人熱情、溫順，毫無架子，加以是老鄉關係，話匣子一打開，就滔滔不絕。

鶯音姐問我最喜歡她哪首歌？答以金流曲詞、她原唱的《明月千里寄相思》。吳鶯音見我年輕，不大相信，以為我哄她，少年不怕畏，遂立起來，把歌曲唱了一大段。

鶯音姐聽了，瞪着眼說：「原來你是真的聽，哈哈！」開心極了，還順道指點了我在唱歌時的運氣竅門，自此受用不盡。

此次一聚，晤面無期，中秋之夜，聽到別的女歌星在唱《明月千里寄相思》，不禁緬想起二〇〇九年去世、長眠洛杉磯的鶯音姐。

一代歌后鶯音姐！但願安息，際此中秋夜，小弟為你送上你的不朽名歌——「夜色茫茫，罩四周天邊新月如鈎，回憶往事恍如夢，重尋夢境何處來……請明月代傳話，寄『你』片紙兒慰離情！」

跋

風流誤我，我誤風流，各不相欠。五十載風流，五十年浪蕩，換來破書數卷，記述風情，筆錄春色，娛已及人，書之旨也。

紅顏知己王偉君女士、好友吳佐軍小姐提供珍貴歡場照片及資料，為書添色；眾友賜助，益豐拙著，銘感五內，再無言語。

辛丑年夏日　西城　跋於隨緣軒

「風流誤我，我誤風流。」諸位看官，以為然否？（資料圖片）

香港夜生活紀聞（第一集）

作　　者：沈西城
責任編輯：蒙　憲
封面設計：馬志恒

出 版 人：吳思遠
出　　版：銀匯有限公司
地　　址：九龍彌敦道328號儉德大廈12樓H座
電　　話：(852) 2385 6125
傳　　真：(852) 2770 0583
電　　郵：siyuan@netvigator.com

發　　行：香港聯合書刊物流有限公司
地　　址：香港荃灣德士古道220-248號荃灣工業中心16樓
電　　話：(852) 2150 2100
傳　　真：(852) 2407 3062

版　　次：二〇二一年六月初版
國際書號：978-988-78095-7-9

承　　印：出版工房有限公司

定　　價：港幣 $128.00